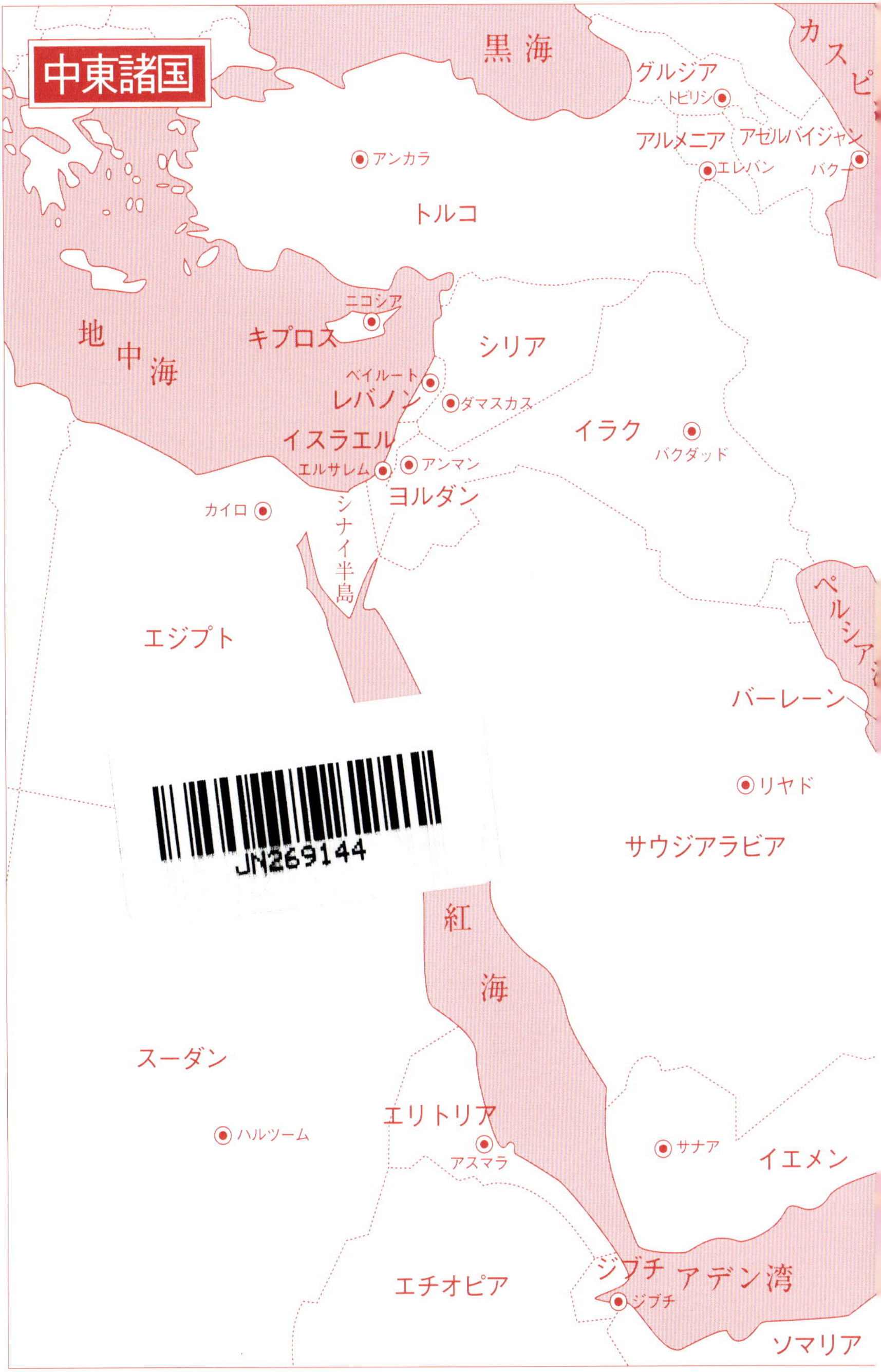
中東諸国
黒海
カスピ
グルジア
トビリシ
アルメニア
アゼルバイジャン
アンカラ
エレバン
バクー
トルコ
ニコシア
キプロス
地中海
シリア
ベイルート
レバノン
ダマスカス
イスラエル
イラク
バグダッド
エルサレム
アンマン
ヨルダン
カイロ
シナイ半島
ペルシア湾
エジプト
バーレーン
リヤド
サウジアラビア
紅海
スーダン
エリトリア
ハルツーム
アスマラ
サナア
イエメン
ジブチ
アデン湾
エチオピア
ソマリア

A BRIDGE TO PEACE

イスラエル・パレスチナ
平和への架け橋

国際政治学者 高橋和夫［監修］ ピースボート［編］ 高橋真樹［著］

高文研

●――もくじ

装丁 商業デザインセンター・松田礼一
写真提供・ピースボート

《序》平和への貴重な灯し火を守りたい

国際政治学者　高橋　和夫

これは、ラミという名の一人のパレスチナ人の若者と、ケレンという名の一人のイスラエル人の若者のピースボート上での出会いの記録である。そして、その出会いを目撃した多くのピースボートの乗船者の記録である。ピースボートのクルーズは、ラミとケレンにとっては、お互いを発見する旅となった。そして、目撃者となった他の乗船者にとってはパレスチナ問題との出会いの旅となった。

この小さな出会いを、たった一つの出会いを、記録しておきたいとの気持ちが、この本を世に出す原動力となった。二〇〇〇年夏のクリントン米大統領（当時）の仲介による、キャンプ・デービッドでの和平交渉の決裂から、パレスチナに平和を求める運動にとっては、逆風とも呼べる状況が続いている。そのころから双方による暴力の連鎖が始まったからだ。流血がパレスチナの聖地を染めている。そしてイスラエルによる占領地の支配は続いているし、パレスチナの自治地域へのイスラエル軍の攻撃も終わる気配がない。

にもかかわらず、こうした暴挙への国際社会の動きは余りにも鈍い。二〇〇一年九月一一日のテロ事件が世界に魔法をかけたかのようである。世界が凍りついて動かないのに、パレスチナでの暴力の連鎖だけが途切れる様子もなく繋《つな》がって行く。

アメリカは対タリバーン戦争の勝利におごっているように見えるし、ＥＵは新通貨ユーロの導入に熱中している。日本の外交当局は、機密費問題などの尽きることのない醜聞に汚れている。また外相と官僚組織の内戦で機能不全に陥っている。政府レベルでの真摯なパレスチナ問題への取り組みの姿勢は、どこにも見て取れない。四方を壁で取り囲まれたような閉塞感が、パレスチナ問題の公正な解決を求める人々を襲っている。

しかし逆に、だからこそ、こんな時期だからこそ、こうした出会いの記憶を記録に変換して多くの市民と共有したい。平和への貴重な灯し火を逆風から守りたい。そしてパレスチナに公正な平和を求める市民の運動の一助としたい。失望はしても絶望してはならない。厳しい現実は見つめても、理想を求め続ける姿勢を捨ててはならない。絶望して行動を止める贅沢《ぜいたく》は、許されていないのである。

パレスチナ問題にかかわる人びとにとっての唯一の武器は、昔も今も変わらない。将来を信じる限りない楽観論である。本書は、イスラエルとパレスチナの若者の出会いの記録であると同時に、そうした気持ちに突き動かされた日本の若者たちの頑張りの成果でもある。

（二〇〇二年一月）

❀第33回ピースボート　地球一周の船旅

——2001年５月22日～８月26日——

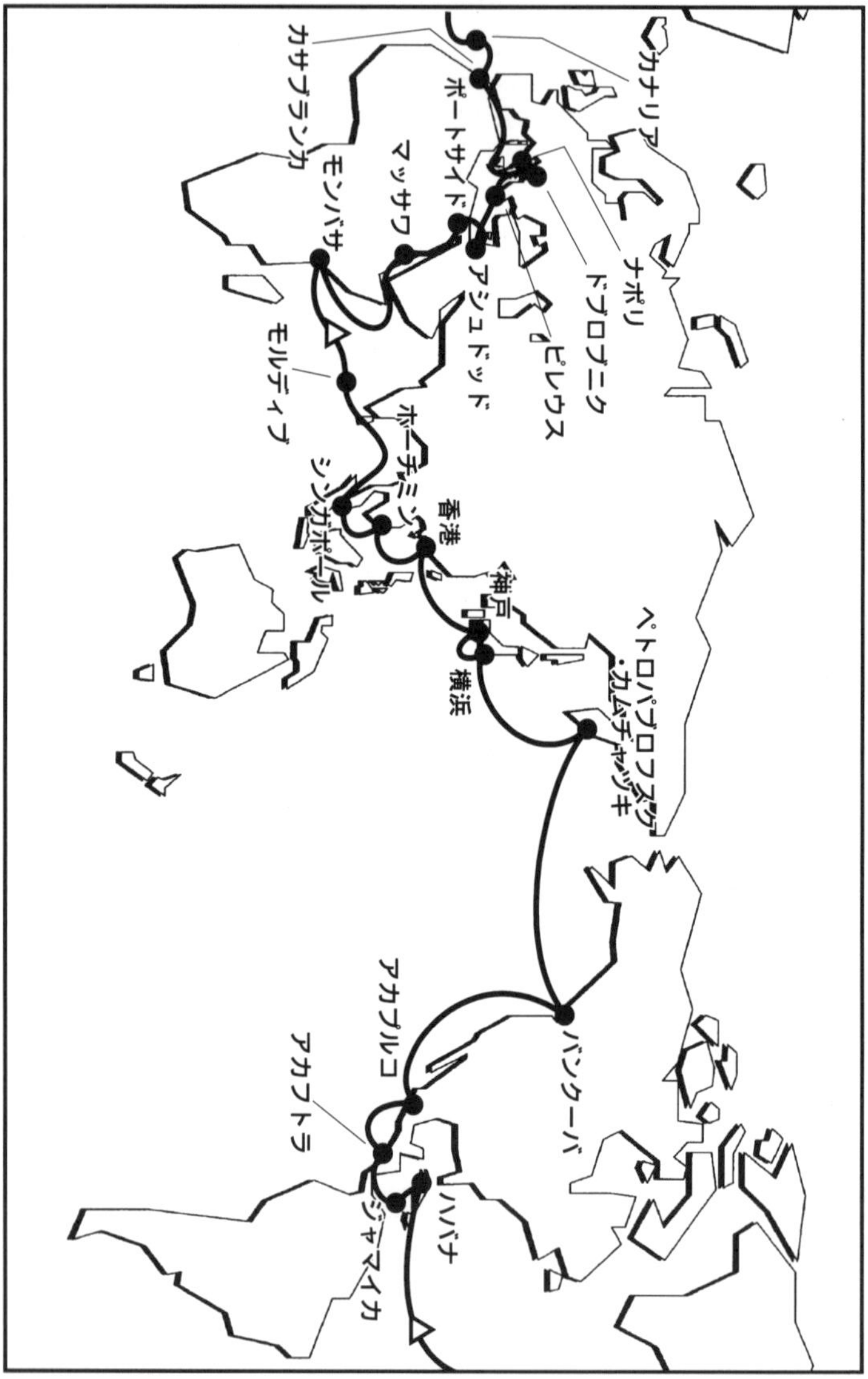

◈――プロローグ

シャローム・サラーム～イスラエルとパレスチナ

イスラエル・パレスチナの和平は、厳しい現実に直面していた。二〇〇〇年九月から再び激化した紛争は、いまも続いている。新聞の国際面には「イスラエルによる爆撃」「パレスチナ人の爆弾テロ発生」の記事が躍っていた。

解決の糸口も見出せない中、二〇〇一年五月、日本から出航した「ピースボート」に乗船したイスラエルとパレスチナの二人の若者は、インド洋上で開かれたイベント「ピースナイト」で共演していた。このイベントは、イスラエルによるパレスチナ占領地からの撤退をアピールしようと開かれたものだ。

イスラエル出身のケレンはギターをかかえて、つめかけた三〇〇人以上の日本人参加者に言った。

『シャローム・サラーム』という歌を一緒に歌います。シャロームはヘブライ語で、サラームはアラビア語で『平和』の意味を持っています」。

ケレンの隣で、パレスチナ人のラミは、和太鼓を叩いた。同じ「平和」であるはずのシャロームとサラーム。しかしその間には、個人の力ではどうにもならない大きなへだたりがあった。

イスラエル人・ケレン(左)とパレスチナ人・ラミ(右)の共演

ラミとケレンは、敵対しているお互いの「祖国」では、共演することさえできなかった。一方で、紛争の真っ最中にやってきた彼らが同じ船に乗り、一つの平和の歌を歌っている光景を目の当たりにして、もしかしたら彼らにはそのへだたりを埋める力があるのではないか、とも思わされた。ラミとケレンの奏でるメロディに揺られながら、そうであって欲しいと「ピースナイト」に参加した誰もが願った。

そしてそのとき、二人を乗せた船は、まさにそのイスラエル・パレスチナへ向かおうとしていた。世界で一番平和から遠ざかっている土地であるイスラエル・パレスチナへと向かう船上で、二人の若者が奏でた平和の歌が響いていた。

※招待状

ラミの家には、いつものように夕食のおかずを狙って野良猫が忍び込んでいた。けれど、いつもはサンダルを振り回して追っかけてくるはずのラミは、今日はそれどころではなかった。彼は迷っていた。その手には、日本の国際交流団体・ピースボートから届いた招待状が握られていた。

エルサレムに住むパレスチナ人青年のラミ・ナセルディンは二三歳。土木・建築・インフラ整備を専攻して大学を一か月前に卒業したばかりだった。そして在学中から行っていたパレスチニアン・ビジョンという青年組織のリーダーとして、国際社会にパレスチナの現状を訴える忙しい日々が続いていた。

そんななか届いたピースボートへの乗船の招待に、彼の心は揺れていた。文面にはこうあった。

『招待状　ラミ・ナセルディン様

あなたを二〇〇一年夏に出航するピースボート地球一周クルーズに、インターナショナル・スチューデント（国際学生）として招待いたします。あなたにはその船上で行われるピースボート地球大学プログラムに参加していただきます。期間は五月二二日～七月一二日、横浜（日本）からカナリア諸島（スペイン）の間です。

インターナショナル・ステューデントは、次の国、地域からやってきます。
・イスラエル――ケレン・アサフ（二〇歳　女性）
・パレスチナ――ラミ・ナセルディン（二三歳　男性）
・セルビア（ユーゴスラビア）――アレクサンダル・リスティッチ（二三歳　男性）
・コソボ――クレシュニック・ベリシャ（二三歳　男性）
・ボスニア――ヤン・ズラタン・クレノヴィッチ（二〇歳　男性）
・クロアチア――エマ・ヴィンター（二二歳　女性）
インターナショナル・ステューデントはみな異なった背景を持っていますが、一つだけ共通点があります。紛争地に生きる彼らは、それぞれの国で平和のために努力している若者たちです。政治に関わっていたり、NGOに参加していたり、社会的、文化的な事柄を学んでいます。彼らは、あなたとともに、洋上で行われるピースボート地球大学プログラムに参加することになります。ここでは、自分たちの行っている活動について話し合ったり、紛争解決や紛争防止のための方法を探っていきます。……』

ラミはピースボートについて、知り合いの大学教授、アルバート・アガザリアンからすでに聞いていたので、ある程度は知っていた。パレスチナで最も権威のある大学・ビルゼート大学のアガザリアン教授は、ピースボートに地球大学講師として乗船したことがあり、そのつてでラミに招待状が届けられた。

ピースボートは一九八三年に発足以来、国際交流の船旅を続けているNGO（市民団体）だ。大型客船をチャーターして、地球一周をはじめとしたクルーズを運営し、世界中の寄港地で民間交流を行っている。船内にはジャーナリストや現地のNGO活動家など多彩なゲストを迎えて、平和や紛争、環境問題などについて学んでゆく。

そのピースボートが二年前から始めた平和教育プログラムが「ISプログラム」だった。ISとはインターナショナル・スチューデント（以下、国際学生と表記）の略で、これまでも世界各地の若者を船に招待し、地球を巡りながら船内でディスカッションやシンポジウムを行っている。そして、二〇〇一年五月二二日に出航する「第33回ピースボート　地球一周の船旅」では、世界の「紛争地」出身の若者を国際学生として招くことになった。招かれたのは、イスラエルとパレスチナおよび旧ユーゴ諸国の六人の若者たちである。

アルバート・アガザリアン教授は、この前年二〇〇〇年の一〇月から行われたクルーズに、地球大学の講師として一か月間乗船していた。大きな鷲鼻と、地鳴りのように大きな声が特徴のアガザリアン教授は、人柄も豪快だった。彼は船の上で、イスラエル・パレスチナの歴史や紛争の経緯を圧倒的な迫力で語り、パレスチナのことなどほとんど関心のなかった多くの日本の若者をひきつけた。

船がイスラエル・パレスチナに行った際には、三〇〇人近くの参加者とともにベツレヘムの難民キャンプを訪問した。彼はそこでピースボートとともに大規模な交流イベントを主催した。ピースボートは、国際平和文化年に結成され、毎クルーズ船内の参加者からダンスメンバーを募集するユネスコ公認のダンス・パフォーマンスチーム「チーム・ユネスコ」のダンスを披露し、大いに場をわかせた。それは、パレスチナの人びとに平和のメッセージとして届けるために必死に練習してきたダンスだった。日々、死と隣合わせのなかで、国際的にも孤立感が深まるとき、ピースボートの訪問、そしてダンスのメッセージは、難民の人びとにとって大きな贈り物となった。特に子どもたちは、そのダンスを食い入るように見つめていた。普段は暗いニュースしかない大人たちにとっても楽しいひとときになった。

それ以来アガザリアン教授は、すっかりピースボートびいきになっていた。愛用のパイプをくゆらせながら、船旅のことやそこで出会った人びとの平和への取り組みを、よく周囲の学生に聞かせていた。その口ぐせは、「ピースボート一族の人間として言えば」だった。

彼は有望な若者と見込んだラミに、ピースボートに乗ってこいと強く勧めていた。「ピースボートはいいぞ。キミは夢に見たことさえない動くユートピアに行ける、すごくラッキーな男だ!」と。ラミは、情熱を込めて若者に語りかけてくるアガザリアン教授が大好きだった。ラミにとっ

イスラム教の聖地、アル・アクサ・モスク

て未知のことを、いつも魅力的に話してくれた。ただ、話し出したら止まらないところだけがタマにキズだったが……。

アガザリアン教授の誘いに大きく心は動いた。それでも、ラミは迷っていた。自分のNGOにとって大事な時期に、二か月近くも離れていいのか、僕が船に乗ることで何ができるんだろうか……。普段なら話は別だった。外国に出て、たくさんの人に会うのはパレスチナ人にとってはめったにない貴重な機会だ。しかし、時が時だった。

※第二次インティファーダの始まり

二〇〇〇年九月二八日。ラミの住んでいるエルサレム旧市街で起こった「ある事件」をきっかけに、イスラエル軍とパレスチナ人の間で大規模な衝突が始まっていた。

イスラエルで超タカ派の政治家、アリエル・シャロンが千人を越えるイスラエル兵に守られて、エルサレムにあるイスラム教の聖地、アル・アクサ・モスクに入った。シャロンはかつて、レバノンにあったパレスチナ人難民キャンプで大虐殺が行われたとき、その戦闘を促した国防大臣だった。自分たちの聖域が、そんな血塗られた男に踏み込まれたことは、怒りを爆発させるきっかけとなるのに十分だった。

パレスチナ人による抵抗、「第二次インティファーダ」が始まった。「第一次インティファーダ」と呼ばれる民衆蜂起（一九八七年～一九九三年）は、占領地のパレスチナ人がイスラエルの不当な軍事占領に対し、軍の撤退を求めて行った抵抗運動だった。これに対して、二〇〇〇年九月に始まった民衆蜂起は「第二次インティファーダ」と呼ばれる（インティファーダとは、アラビア語で「振り落とす」という意味）。

第一次インティファーダの背景には、第三次中東戦争（七六ページ参照）以来二〇年にわたるイスラエルの占領と支配、それに対する国際社会の無関心、そしてＰＬＯ（パレスチナ解放機構）による解放闘争のゆきづまりなどがあった。きっかけはパレスチナ住民の車とイスラエル軍のトラックが正面衝突して、パレスチナ人四人が死亡した事件だった。これを機にパレスチナ住民の怒りが爆発。第一次インティファーダの始まりだった。完全武装のイスラエル軍に対し、パレスチナの住民は武器を持たず、投石で対抗した。皮肉なことに、絶望的な状況で行ったこの闘争が、パレスチナ和平に関して国際社会の関心を集める作用をした。ある意味でインティファーダは九三年のオスロ合意（八六ページ参照）に結びつく布石となったと言えるが、その犠牲はあまりに大きかった。子どもを含む千人以上の死者と、数万人の負傷者を出したとされる。

今回も、武器を持たないパレスチナ人は、石を投げて抵抗した。パレスチナの商店も、抵抗を示すために閉店した。これに対してイスラエルは戦車や戦闘ヘリによる圧倒的な武力で応じた。一方、イスラエルの街中では、パレスチナの過激派による自爆テロが相次いだ。インティファーダの犠牲者のほとんどはパレスチナ人だったが、イスラエル側の犠牲も増え始めた。

シャロンがモスクに入ってからの六か月間で亡くなったパレスチナ人は四一三人にも達し、その多くが子どもだった。ほとんどの子どもは銃で頭や胸を撃ち抜かれて死んでいた。命はとりとめたものの、失明した子もたくさんいた。パレスチナでは人命だけでなく、経済的にも大きな被害が出ていた。イスラエルは、出稼ぎに来る二八万人のパレスチナ人の通る道を「テロ対策」の名の下に完全に閉鎖した。彼らは職を失い、失業率は四八パーセントにのぼっている。

そして、この騒動のきっかけを作ったシャロンは、二〇〇一年三月にイスラエルの首相に就任した。首相となったシャロンは、メディアを通じて世界にアピールした。「パレスチナ側はわざと子どもに石を投げさせて挑発し、私たちに殺させては世界の同情をかおうとしている。しかも彼らは定期的に爆弾テロを行う。テロを引き起こし、平和を拒絶しているのは彼らの側だ」と。

※僕が本当のことを話そう

ラミたちのグループ「パレスチニアン・ビジョン」の主な活動は、「自分たちパレスチナ人はテロリストではない」ということを世界にアピールし、自分たちの置かれている状況をもっと正しく知ってもらうことを目的としていた。ラミは考えていた。「この時期に自分がピースボートに乗って何ができるのだろう……」。

迷ったあげく、彼は乗船することに決めた。決め手となったのは、招待状に「イスラエルの女性が乗船し、イスラエルの状況を話す」と書いてあることだった。ラミはいつも、パレスチナ人のいないところでイスラエル人が自分たちに都合のいい話をして、この問題の本質を知らない人たちが、イスラエル人の話を信じてきたことを見てきた。

「イスラエル人だけに都合の良い情報を流されてたまるか。僕がパレスチナの置かれている本当の状況を伝えるんだ！」そう思った。彼は、全てのイスラエル人を憎んでいた。「パレスチナ人」として生まれたという、ただそれだけの理由で、イスラエルの兵士たちが、常に銃を構えて自分たちを警戒している。まわりの友だちを次々と殺していったのもイスラエル人だった。ラミ自身も、かつてイスラエル軍の車を燃やしたために逮捕され、拷問を受けたことがある。今は彼らに暴力で立ち向かうことは否定しているラミだが、イスラエル人が彼にとって敵であることに変わりはなかった。

船に乗ることに決めたとはいえ、考えてみるとラミは二三歳の今になるまで、船旅はおろか、列車にも飛行機にも乗ったことがなかった。国から出た経験も、同じアラブ圏のヨルダンとイラクに子どものころに行ったことがあるくらいだ。

いくらアガザリアン教授から話を聞いても、どんな人に会い、どんな旅になるのかというイメージは全くわかなかった。

心配なこともあった。彼はそんなに長い期間、家を離れたことはなかった。二人の姉はすでに結婚していて、父と母そして祖母との四人暮らし。彼だけが男の子だった。家族との絆を何よりも大事にしている彼が、一人ぼっちでうまくやっていけるのだろうか。

お姉さんは喜んでくれたが、両親ははじめ難色を示した。何より心配したのは母親だった。ラミに何か起こるんじゃないかとハラハラしていたという。父親もラミが家を出ることを嫌がった。学校を卒業した後だけに、働いて家を支えて欲しかったこともある。友だちは、めったにないチャンスだからと彼にお金を貸してくれた。そして反対するラミの父親の説得も手伝ってくれた。あとは手続きを済ませて、この国からうまく出ることができるように祈るだけだった。出航までの期日はあと二週間に迫っていた。

※おしゃれな活動家

ラミがまだ行くべきかどうかで悩んでいたころ、エルサレムから車で三〇分ほどの距離にあるイスラエル最大の都市で経済の中心のテルアビブでは、すでに日本行きを決めたイスラエル人の女の子がスーツケースに荷物をつめていた。

「船なんて乗ったことないから、どんなのを着てったらいいんだろう？　ねぇ母さん！　この服どうかなぁ」。

彼女は洋服ダンスからいろんな服を取り出しては、鏡の前で迷っていた。おしゃれな彼女、ケレン・アサフ（二〇歳）は、けっしてブランド物とか派手なアクセサリーが好きなタイプではなかった。彼女が身に付けるのは環境にいいものと決まっていた。ただいつもシンプルな服でも、柄とかスタイルにこだわって選んでいた。

ケレンは「ピースナウ」という平和団体で活動している。彼女はその団体から推薦されて、イスラエルからの国際学生としてピースボートに乗ることになっていた。日本へ出発するのはもうすぐだったが、自分が船に乗ってピースボートの活動に参加するという実感はまだなかった。

「母さん、船には日本人がたくさん乗ってるんだって！　私、日本のことなんてほとんど知らないから、どんなことになるのか想像できないな。あっ、でも、日本の食べ物なら知ってる。この間テルアビブの街にまたスシ・バーができたんだよね。スシって日本の食べ物なんでしょ？でも、私あれキライなんだ！　なんだか気持ち悪くって……毎日スシが出たら私やっていけるかなぁ。自信ないな」。

ケレンは、日本についてのニュースを聞いたこともあった。けれど彼女は、メディアの情報はたいてい脚色されているので、その文化や土地の背景を知らずにニュースを理解することはできないと感じていた。ケレンは、ラミとは違って外国にも何度か行ったことがある。ヨーロッパ各地には観光で訪れているし、NGOの仕事でスウェーデンに滞在したこともある。しかしそんなケレンにとっても、今回のピースボートの旅は今までとは違うようだ。

これまでの旅はどれも一週間ちょっとの滞在で、観光目的のものが多かったし、いつも何人かのイスラエルの友だちと一緒だった。一人で海外に、しかも一か月以上もいるのはこれがはじめてになる。

ケレンは、イスラエルでは筋金入りの平和活動家だ。彼女はテルアビブ中心地の、ほどほどに恵まれた家庭で暮らしている。両親はともにポーランドからの移民である。二人ともミュージシャンで、しかも平和活動家だった。家族は四人で、両親の他に一五歳の妹がいる。ピースボートからの誘いがきたとき、家族は全員が喜んでくれて、絶対に行った方がいいと勧めてくれたという。

彼女がはじめて平和のための行動をしたのは、なんと八歳のとき。「イスラエルとパレスチナに平和を！」と書かれた大きな看板を持って、一人で町を歩こうとして母親に止められたそうだ。その後一三歳で「ピースナウ・ユース」という平和団体で活動を始める。そして一五歳のとき、「自分にとって一番のショックだった」という事件が起きた。和平を推進してきたイスラエルのラビン首相がイスラエル人過激派に暗殺されたのである。それ以降彼女は、平和のための活動によりいっそう力を注いでいる。現在は「ピースナウ」をはじめ、いくつものＮＧＯで活動する自称「フリーランスの平和運動家」だ。

一般的に、イスラエルで平和運動をしている人の多くは、「イスラエル人が安全に暮らせるためにパレスチナ人と和平を結ばなければならない」と考えている。だから彼らはパレスチナ人の暮らしや状態についてはあまり関心がない。だが、ケレンは違った。彼女は「イスラエル人だけでなく、パレスチナ人の人権も守らなければ平和は来ない」と考えている。そういう視点から活動している人は、この国ではまれだった。

ケレンが最近始めた活動の一つ、オリーブオイル・プロジェクトは、彼女が何を目指しているのかを教えてくれる。それは経済制裁下で苦しむパレスチナ人の農家からオリーブオイルを買って、イスラエル人に売るというプロジェクトである。パレスチナ人農家がせっかくオリーブを育てても、出荷の道がイスラエル側に閉ざされて商品がダメになってしまうことが多い。イスラエル政府による嫌がらせだった。

そこで彼女は、インターネットでパレスチナのオリーブオイル購入の希望者を探し、ネットワークをつくった。ほとんどの客は、実はオリーブオイルは必要ないのだけれど、パレスチナ人に同情しているイスラエル人だったという。彼女たちはオリーブオイルを通じて、市民レベルでイスラエル人とパレスチナ人をつないでいく活動で、お互いに信頼感を築こうとしていた。それは単にオリーブオイルを売ることよりも、はるかに重要な目的だった。

そういった活動が波に乗りかけた矢先、ピースボートから乗船の誘いがあった。ケレンは話を聞いたとき、自分にとって素晴らしい冒険で、貴重な機会になると思った。一方で、その期待と同じくらいの不安もあったという。こんな状況の自分の国を、一時的にせよ離れるには、たいへんな思い切りが必要だったことはラミと同じだ。そして例のオリーブオイル・プロジェクトや、他のさまざまな活動が規模を広げていく重要な時期でもあった。その全てを残して船に乗るという判断が良いのかどうか、という迷いもあった。

それでもケレンが最終的に乗船することに決めたのは、この経験が自分自身にとって重要であるだけでなく、平和のため、占領反対のための大きなステップになると考えるようになったからだ。パレスチナ人と出会って旅をして、一緒に学ぶなかで、問題解決への新しい糸口を一緒に探すこと。外の世界に触れて広い視野を持って、会ったことのない人たちにイスラエルとパレスチナの本当の状況を理解してもらい、自分の問題として考えるようになってもらうこと……じっくり考えたケレンは、そういうこと全てが、大切なことに思えるようになっていた。
パレスチナ人の若者と会ったことは何度かあるが、それほど親しい友だちになったことはなかった。本人がそうしたくても、国の状態でなかなかそうすることができなかったのである。だから今回、船でパレスチナ人の青年と出会うことは、どんな反応が返ってくるのか怖くもあったが、楽しみでもあった。

ラミとケレン、二人の心は決まった。一方で、彼らの故郷の状況は、日々悪化していた。毎日、憎しみと暴力はエスカレートしている。そんな故郷を気にしながらも、二人にとっての新しい冒険が始まろうとしていた。しかしこのときラミとケレンには、ピースボートの旅が自分たちの人生を大きく変えることになるとは、思いもよらなかった。

I　船上の出会い

世界の「紛争地」から参加した国際学生（ＩＳ）
前列左からケレン（イスラエル）、ラミ（パレスチナ）、エマ（クロアチア）
後列左からケイ（コソボ）、ヤン（ボスニア）、アレックス（セルビア）

1　はじめての握手

《家に帰りたかった。自分に「くそったれ、あほ！」と言ってた。僕のことを知りもしないのに僕に笑いかけて「ハーイ」と言うみんなを、ハイハイ。何て優しいんだろうね、と思った。船に着いたとき友だちに電話して「帰りたいよ」とも言ったよ、みんな笑ってたけど。イスラエル人に対しては、何に関しても意見がぶつかるんだろうな、どうやって言い負かしてやろうかな、と思ってた。》（ラミ・ナセルディン）

《すること全てが誤解されても仕方のない状況でしょ。難しいよ。お互いがお互いにどう接したらいいのかわからなかったから、ラミが思ってることを私に言ってないな、と思ってた。私たちの間には大きな溝があって、私のすることが実は彼の気にさわっているのに、彼は私に気を使ってそうとは言わないような状況。その一方で、ラミが私の言ってることを拡大解釈したり歪めたりして、操作しようとしているように思えることもあった。これってお互いが感じてたものだと思うのよね。》（ケレン・アサフ）

※記者会見

二〇〇一年五月一八日。東京・高田馬場にあるピースボートの事務局は、この日、いつにも増してあわただしかった。出航の準備と重なって、国際学生たちが日本にやって来たからだった。

彼らは紛争の中で一〇代を過ごしてきた。みんな初来日で、旧ユーゴ各国からは四人がやって来た。スポーツ大好きなエマ。故郷のクロアチアは、今回の寄港地にもなっている。チャーミングで、ちょっと優等生タイプの彼女は、アメリカ留学の経験もある。ヤンはボスニアの首都サラエボで生まれた。各地のディベート大会などで優勝している論理的な議論が好きな学生だ。甲高い声が印象的なアレックス（アレクサンダル）は新ユーゴのセルビア出身。法律を学ぶかたわら、いくつかのNGOでも活躍中だが、ちょっとヤボったい印象だった。コメディアンのミスター・ビーンに似ていなくもない。大柄なケイ（クレシュニック）はコソボ出身で、演劇の勉強をしていた。この中では最も日本文化に関心があった。特に相撲が好きで、「小結」とか「関脇」とか、細かな違いにもこだわって調べていた。何の役に立つのかは本人にしかわからないが……。

そして、パレスチナとの平和共存を求めるNGOで活動するケレンがいた。いつも気だるそうにタバコをふかしている姿はとても二〇歳には見えなかったが、話してみるとその分析力や理解力に驚かされ、ますます大人びて見えた。

ただ一人、まだ到着していない国際学生がいた。パレスチナのラミだった。ビザの許可がなかなか降りず、入国手続きを担当するピースボート・スタッフは毎日はらはらしていた。国を持たないパレスチナ人には、簡単に入国許可を出してくれる国はあまりない。出航までに間に合うのだろうかと、誰もが心配していた。

五人は日本での滞在中、長旅の疲れを癒すひまもなくピースボートの説明を受けたり、東京観光をしてあわただしく動き回った。そして出航の前日となった二〇〇一年五月二一日、ピースボート事務局で記者会見が行われた。はじめに、ISプログラムのまとめ役を務めるイジー（イザベル・ハレット）が、このプロジェクトの意義について語った。彼女はイギリスのNGOに所属し、北アイルランド紛争の解決をテーマに紛争の当事者同士の交流プログラムをアレンジするなど、精力的な活動を行っている。もちろんピースボートにも、何度も乗船したことがある。

「ケレンは、イスラエルの経済封鎖に苦しむパレスチナ人からオリーブオイルを買うという活動をしています。もしもっと多くの人がこのような活動に参加できたら、今の世界のように敵意が蔓延《まんえん》するようなこともないでしょう。私たちは、草の根の活動は変化をもたらす、と信じています。平和教育はそのなかでも大きな位置を占めます。

このプログラムは、若い人がアイデアを持ち寄って、解決への策を増やし、彼らが自ら参加・行動できるようになるよう企画したものです。私たちは、紛争が激しくなる前に、こういったネットワークをつくっていかなければならないと思います」。

「これから出会うだろうたくさんの若者たちに伝えたいと思っていることはありますか?」という記者の質問に、ボスニア出身のヤンとケレンはこう答えている。

ヤン「僕たちの日ごろの活動を発表したいです。日本にはNGOやNPOがまだまだ少なく、民間レベルの活動に参加する機会があまりないと聞きましたから。それから、自分の国を紹介して、繰り返してはならない間違いがたくさんあることも話したいですね。僕たちの経験した紛争は、不必要なものでした。もちろん、こちらから話すだけでなく、日本の方からもたくさん学ぶことはあると思っていますので、楽しみです」

ケレン「私にとって重要なのは、パレスチナ占領地で何が起こっているかを話すことです。国際社会だけでなく、イスラエル内の人間ですら、イスラエル政府の犯している犯罪について多くを知りません。新聞には数字が出てくるばかりで、イスラエル人にはパレスチナにも自分たちと同じ人が住んでいて、その人たちが苦しんでいることが実感としてわいていません。もし一般の人びとがもっと真実を知っていたら、政府への圧力は強くなるでしょう。私は占領地で起こっていることを話して、みんなに真実を知ってほしいです」

彼らは紛争下で育ったからといって、何も特別な人間というわけではない。あえて言うなら、同世代の日本の若者よりも「戦争」や「平和」についてより強く実感している、ということくらいだろう。彼らはみな、伝えたいものを明確に持っていた。今こうしているときも、紛争が起きて身近な人びとが亡くなっているということを、世界の誰よりも知っているからだ。

一方、日本の若者たちにとっては「紛争」なんてリアリティのない、どこか遠いところで起きている「物語」か、せいぜいTVが伝える「悲惨な映像」でしかない。ところがピースボートのなかでは、朝起きて船のバーでコーヒーを頼もうとしたら、隣でパレスチナ人とコソボの人がホットミルクをすすって東ティモールの独立について議論しているなどという、通常はありえない光景が日常の一コマになってしまう。同世代の国際学生たちと共に生活することは、日本の若者にとっても大きな刺激になるに違いなかった。

もちろん国際学生たちにとっても、このプロジェクトで普段は会うことのない日本人や、異なる紛争地で活動している人と出会うことで得るものはたくさんある。紛争地の若者たちは、自分たちの紛争のことは詳しく知っているが、世界の他の人びとがどんな状況に置かれているかを知る機会はあまりない。例えばほとんどのパレスチナ人にとって、ユーゴ紛争など「どうでもよいこと」である。自分たち自身が生きることで精一杯だから当然なのかもしれない。しかし、他の国の状況を客観的に見ることで、自分たちの問題がより深く理解できるということもある。何より、苦しんでいるのが自分たちだけではない、ということに気づくことは孤立を深めている者を勇気づける。袋小路に入ったかに見える紛争も、市民同士やＮＧＯのネットワークを築いてゆくなかで、変えていける可能性はあるはずだ。

※六〇〇人の「エジプト人」の船

「いやぁみなさん、いよいよ地球一周が始まりますよ！」

二〇〇一年五月二二日、横浜港では、船と岸壁とをむすぶ色とりどりの紙テープが風になびいていた。出航イベントの司会を任されたピースボート・スタッフの森本良太は、体のサイズには不釣合いな、大きくて派手な蝶ネクタイ姿でそう言った。二〇歳になる良太は、一年前に参加者としてピースボートに乗った。そこで目一杯楽しんだ彼は、今度はスタッフになってまわりの人を楽しませる側に回っていた。彼にとって仕事として乗船するのは、はじめてだった。知らずとテンションは高まってゆく。

華やかな出航イベントが行われているウクライナの客船オリビア号の甲板に、ラミの姿はなかった。やはり入国手続きが間に合わなかったのだ。彼は途中の寄港地から合流することに変更したが、どこで合流できるかは未定のままだった。無事に乗船できた他の五人の国際学生も、出発に際して好奇心と期待感ばかりだったというわけでもない。ケレンは後にこう語っている。

「海外にこんなに長く出たのははじめてだった。一人でとなればなおさらのこと。最初はすご

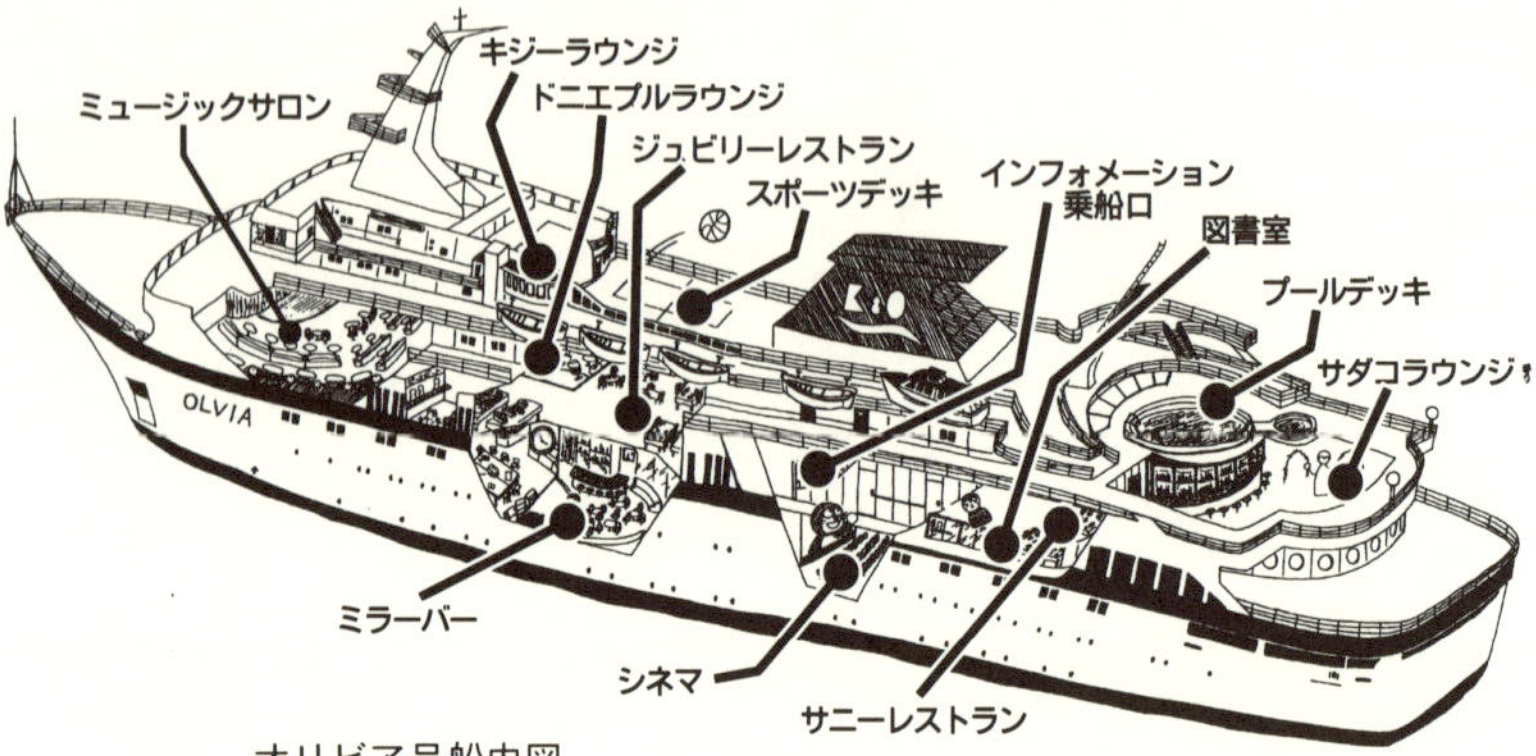

オリビア号船内図

く怖かった。一か月半も船の上で生活するなんて私には簡単なことじゃなかったの」。

文化も慣習も、そして言葉も、全てが異なる人たちの間で共同生活をすることに、不安や孤独感を感じるのも不思議ではない。この状況を誤解を恐れずに例えてみると、私たち日本人が誰一人知り合いもいない六〇〇人のエジプト人が乗る船に、たった一人で乗り込んでいくようなことなのかもしれない。エジプト人以外は自分の他に韓国、北朝鮮、中国、台湾、などから一人づつ招待されていて同室者になる、という感じだろう。朝はコーランの放送で目覚め、料理は毎日エジプト料理、会話はアラビア語……。そんな状況でいつもどおりの自分を出せるタフな人ばかりではないことは確かだろう。

とにもかくにも、五六三人の日本人参加者と五人の国際学生を乗せたオリビア号は、まもなく出航しようとしていた。船と岸壁の間に無数の歓声が飛び交う中、ドラの音が鳴り響いた。「あと五分で出航」の合図だ。出発する参加者も見送る人も、思い思いの言葉を投げかける。

「あんまり食べ過ぎるなよーっ」、「三か月後に待ってるからねー！」。国際学生たちもマイクを手に、覚えたての日本語で「行ってきまーす！」と叫ぶ。船は、岸壁に沿うように動き始めると一気に進んだ。ちぎれたテープが風にとばされる。岸壁からかかる「いってらっしゃーい！」の声は、みるみる小さくなった。国際学生たちは、どんな体験をし、何を学ぶことになるのだろう。大きな期待と少しばかりの不安を胸に、紛争地の若者たちの国境を越える旅が、今始まった。

※一人ぼっちのケレン

日本を出航してから二つ目の寄港地、ベトナムの首都ホー・チ・ミンでは、ベトナム青年連盟の若者たちが歓迎してくれた。屋外の交流会場は、あいにくの大雨にもかかわらず大いに盛り上がっていた。

交流フェスティバルで、ピースボート側からの出し物はダンスだった。ダンス・パフォーマンスチームといっても船内で募集したメンバーで作った即席のチームなので、出航後間もないベトナムでの披露は練習不足の感が否めなかった。それでも三〇人ほどのメンバーは、みんなうろ覚えのフリを必死に踊っていた。その中で長身の男の子がひときわ目を引いた。ダンスが特に上手というわけではないが、動きがダイナミックで迫力がある。

彼、高野モトユキ（一九歳）は、別にダンスがしたくてこのチームに入ったというわけではなかった。船の中の売店で見つけたこのチームのオリジナルTシャツが気に入って着ていたら、何となくチームの子たちと仲良くなってしまったのがきっかけだ。しかし今や堂々と先頭で踊っている。完成されていないダンスとはいえ、彼の躍動感あふれる動きもあって、ベトナムの学生たちからは大きな拍手が巻き起こった。

次はベトナム側の出し物だった。若者に人気のミュージシャンのライブだそうだ。派手な衣装の数人の男性が踊りながら歌い始めた。もちろん日本人側は誰一人として知らない。なぜか日本の若者からは冗談交じりに「ベトナムのＤＡ　ＰＵＭＰ」という声が出たが、ちょっとおっさんが入っていた。「だーれ？　あのおじさん」という感じになる。何もかもがダサくて、今の日本の若い子の感覚からするとちょっと乗れない。それでもみんな無理やり踊っていた。そうしているうちに、多少のことはどうでもよくなってきた。

異文化交流で大事なのは心のふれあいである。歓迎する気持ちと、楽しもうという気持ちが一つになっていたらあとは何もいらない。みんな小学校のころのキャンプファイヤーを思い出したようにはしゃいでいた。国際学生たちもみんな、ずぶぬれになって朝まで踊り明かした。ヤンは興奮して言った。「友だちになった子は、帰り際に手を握って離してくれなかったんだ！」。

出航のときベトナムの学生たちは港まで来てくれた。船が動き出すと甲板では、感極まって泣き出す子もいた。手作りの交流は、とても印象深いものとなった。

そんな盛り上がりをよそに、ケレンはどこか寂しげに映った。ホー・チ・ミンの港が見えなくなって、ほとんどの人がデッキから船内に戻っても、彼女はひとりタバコをふかして風に吹かれていた。ケレンはクルーズのはじめ、一人でいることが多かった。

ユーゴ諸国から来た四人は、同じ言語で話していた。講演会や記者会見はみな英語で話しているが、特に知り合いの少ない最初のうちは、故郷の言語で話す相手がいると安心するものだ。バルカンの四人はお互い紛争当事国から来ていたとはいえ、一〇年前までは同じ国の人間だった。紛争のことに触れなければ、同胞意識は強いはずだ。このとき「六〇〇人のエジプト人の船」にたった一人で乗っていたのは、実はケレンだけだったのかもしれない。

彼女が今回乗船した大きな目的は、パレスチナの若者と一緒に船に乗り、イスラエル・パレスチナの現実を語り合い、伝えてゆくことだった。だから何より、ラミと一緒に乗れなかったことが残念だった。一時はベトナムから乗船できると思われていたラミは、結局乗船することができないでいたのである。

ケレンがそこまでパレスチナ人の乗船を待ち焦がれている背景には、両親の影響があるかもしれない。ケレンの両親はともに決して進歩的な家庭で育てられたわけではなかったが、どちらも学生時代に平和運動に参加していた。二人は今でも、テルアビブで占領反対のデモがあるときは参加している。両親は家庭でも、友人や子どもたちと政治について熱心に話してきた。彼らはケレンのすることを全部応援してくれたと言う。

「私の両親が他のイスラエル人と違うところは、イスラエルのメディアや政府が発信するニュースと情報を、絶対の真実として鵜呑みにしたりしないところだと思う。私はこういう環境に育ったから、自分の耳に入ること全てを自分で考えるようになった。両親は二人とも、反対の立場の人の痛みを偏見なく認めることができる人たちなの。自分の痛みと相手の痛みに境界線を引いたりもしない。パレスチナ人が苦しんでいるのを認めることが、自分自身や自分の痛みを否定することに直結するわけではないことも知ってるの」。

母がいつも言っていることは、ナチスがユダヤ人を迫害してきたことと、今、イスラエルがパレスチナ人に対して行っている占領政策が似ているということだ。多くのイスラエル人はこう考えている。「ナチスの虐殺は特別なんだ。ホロコーストとパレスチナを比べるのは間違っている」。しかしそれはとても危険な考えだと母は思っている。自分たちの受けた痛みだけが特別だと考えることは、他人の痛みに鈍感になってしまうことにつながるからだ。ケレンも同感だった。

※つくられる憎しみ

イスラエルでは、アラブ人と協力して平和をつくっていこうとする、ケレンや彼女の両親のような立場の人は少数派だ。その理由を考えるとき、ユダヤ人がずっと迫害を受けてきたという歴史を避けて通ることはできない。ケレンは、ホロコーストを生き延びた祖母から、いかにユダヤ人が迫害されてきたのかを聞かされてきた。

八一歳になるケレンの祖母は、ポーランドにある小さなユダヤ人村の裕福な家の出身だ。ナチス・ドイツによるユダヤ人の大量虐殺（ホロコースト）が始まったとき、祖母は一二歳だった。祖母の一族からは、彼女の他に、彼女の兄弟一人と姉妹一人だけが生き残ったという。両親と他の兄妹、その家族や子どもたちは、強制収容所で殺害された。

戦後、彼女はドイツの難民キャンプで四年間を過ごして、同じくホロコーストの生き残りだったケレンの祖父に出会う。祖父は彼の大勢の一族からの、ただ一人の生き残りだった。

二人にとっては、愛よりも新しい世代をつくるほうが重要だった。ナチスの望む通りに家系を絶やしてはいけないと思っていたからだ。二人に所持品はなく、一九四八年にイスラエルに来たときは、難民のための施設に数年間暮らすことになった。そこでケレンの母は生まれ、そこから出た後も、貧しさの中を生きたという。

ケレンは言う。「おばあちゃんの人生にとって、ホロコースト前に持っていたものと、それが始まってから起こったことの記憶が全てだったの。他の多くの人同様、ホロコーストが人生をメチャクチャにして、それ以降は『生き残ることだけが全て』になってしまったのね。その他のことに興味をもつなんて無理だったんだと思う。おばあちゃんにとっては、自分の娘たちを愛することさえ難しいことだったんだけど、孫ができてはじめて、生き残ること以外の生き甲斐を見い出すことができるようになった。こんな『陰』の人生を生きた人間として、彼女はドイツ人にひどい憎しみを感じている。ドイツには二度と行かないし、ドイツ人の友だちを作ろうとしないの」。

ケレンの祖母にとって過去の痛みはトラウマになっていて、ドイツ人だけではなく、特にアラブ人に対して憎悪を感じているという。

「イスラエルに渡ってきて、おばあちゃんが見たものは、アラブ人がユダヤ人を追い出そうと必死になっていた姿だった。少なくとも彼女にはそう見えたの。彼女にはかなり強い被害者意識がある。ヨーロッパで追い出されてパレスチナにやって来て、ここでまたアラブ人に追い出されようとしていると感じたのね。常にアラブ人はユダヤ人を追い出そうとしているという強い信念が根付いていて、多くのイスラエル人もこのような信念を持っていると考えていいと思う」。

ケレンの祖母は「アラブ人は心のゆがんだ醜い人種で、ホロコーストからやっとの思いで逃れた自分や、他のユダヤ人を再び危険に陥れようとするひどいやつらだ」と強く信じている。祖母にとって、ナチスもアラブ人も、ユダヤ人に対して「恐怖」を与える同じ存在なのだ。ケレンは、そんな過酷な人生を生きてきた祖母に、「自分側でないもう一つの側の痛みを理解するように」と言うことはできなかった。

ケレンの祖母を含めて多くのユダヤ人は、自分たちの国を作ってしまえばもう迫害を受けることなく、安全に暮らしていけるという期待を持っていた。しかしその国は、そこで平穏に暮らしていたパレスチナ人をテロと恐怖で追い出し、略奪した土地の上に建設されたものだった。そのため、年中まわりのアラブ諸国から脅威にさらされたり、今度は逆にパレスチナ人のテロの脅威にさらされて、人びとの命が奪われている。だから、建国以来イスラエルにとって最も重要な関心事は、自分たちの安全をどう守るかということになった。しかしその安全が脅かされている理由を、他ならぬイスラエル自身が作り出していることに気づく人は少ない。

ただ多くのイスラエル人がアラブに対して憎しみを持っていることや、ひどい状況に置かれているパレスチナ人について驚くほど無関心になっている理由は、そういった被害者意識だけではないとケレンは考えている。

「もっと大きな理由は、イスラエル政府がそういった人びとの気持ちを利用していることなのよ。政府は、うまくいかないことの全ての責任をパレスチナ側に押しつけている。そして今のような対立関係の中では、そう思わせることはとても簡単なの。教育ではパレスチナ人の立場を理解するような情報は全然ないし、メディアはパレスチナ人がみなテロリストだというイメージを植えつけてる。教育とメディアという二つが組み合わさって、パレスチナ人に対する認識が作られちゃってるのよ。そして『恐ろしいテロリストと戦うことは良いこと』だと、小さなころから教えられていく。イスラエル人は、高校を卒業したらみんな必ず一度は軍隊に入るんだけど、いま私の友人たちは、石を投げている一二歳の子どもを相手に銃を向けているの。そしてそれが間違ったことだと思っていないんだから、どうしようもないのよ」。

ケレン自身は徴兵を拒否しているが、彼女の言うようにイスラエルでは、一八歳になると男性は三年、女性は二一か月の徴兵義務がある。若者たちは、多感な時期に徴兵され、占領地という名の前線に送られる。ここで徴兵制のある他の国と圧倒的に違うのは、彼らがすぐに実弾を込めた銃を持たされるということだ。自分たちの住んでいるすぐそばに、前線はいくらでもある。そこにいるパレスチナの少年は自分たちに敵意を持っていて、石を投げてくる。彼らは少年に銃を向け、狙いを定める……ここではそんなことが繰り返されている。

イスラエルの国防費は、GNPの一〇パーセント。その割合は、世界最大の軍事大国アメリカの六パーセントと比べてもはるかに高い。また、イスラエルが核兵器を開発し、配備していることは今や公然の事実である。もちろん小国のイスラエルがそこまで軍備を拡大できたのは、毎年四〇億ドルを超えるとされているアメリカからの多額の援助のおかげだ。占領を非難する国際世論を無視して、イスラエルが今も中東最大の軍事大国として君臨しているのは、それを支えるアメリカの強力なバックアップがあってこそなのである。

ヨーロッパで迫害を受けた記憶が、今のイスラエルの過剰とも見える防衛体制とパレスチナ人への新たな迫害を生み出す現実を支えている。そして、メディアと教育がそれに拍車をかけてあおりたてる。ケレンは、こんな悪循環を断ち切るためには、お互いの信頼を回復させていくことしかないと痛感していた。

※ＩＳと友だちになろう！

英語を話すことができる参加者は限られていたこともあって、参加者と国際学生（ＩＳ）が接する機会は少なかった。そこで、シンガポールの入港前に「ＩＳと友だちになろう！」という企画が行われた。

企画者は国際学生自身だった。中心になっていたのはコソボ出身のケイ。落ち着いたインテリを思わせるケイだが、実はいつも何かおもしろいことを企んでいた。ケイは演劇の勉強をしていた。特に人を笑わせたり、感動させることが大好きだった。日本人の若い子をどうやって笑わせようかと、他の参加者や通訳スタッフと一緒にあれこれ仕込んでいた。敏腕プロデューサー・ケイは忙しかった。アレックスにはちょんまげのカツラをかぶせて〝サムライ〟を誕生させた。彼には妙に似合っていたが、サムライというよりコメディアンに見えた。エマにはセーラー服を着せようとしたが断られた。そしてケイ自身は、まわしを巻いて得意の相撲取りの格好で登場した。「わしは横綱じゃ！」と、日本人に受けるセリフも覚えて、参加者と勝負もしてみせて場内をわかせた。

次に国際学生たちは、みんなで日本語の歌を歌った。はじめて覚えた日本の歌はなんと、『男と女のラブゲーム』。最初の案では『どんぐりコロコロ』などのいかにも国際交流という感じの歌だったが、「これじゃつまらないよ」と誰かが言って変更になった。浴衣姿のケレンとエマが「飲みすぎた〜のは、あなたのせいよ！」なんてフリつきで歌っている。日本人参加者たちにとって、「紛争地から来た」という何となく怖いイメージが変わっていった。

ある参加者は言う。「紛争地から来たって言うから笑ったりしないのかなぁと思ってたけど、この企画で、何だ、おもしろいやつじゃないって、親しみが持てた」。企画を通じて、日本の参加者に友だちができたのはもちろんだったが、国際学生同士も仲良くなったことは思わぬ収穫だった。特に何となく孤立気味だったケレンは、エマと親しくなっていった。

ケレンは、最後にこう言うことを忘れなかった。「みなさん、一緒に楽しんでくれてどうもありがとう。でもまだパレスチナ人のラミが船に乗っていません。ラミがシンガポールで合流することを願っていてください」。

※ラミとケレン、はじめての握手

出航して一〇日目に到着したシンガポール。ここでとうとうラミ・ナセルディンがオリビア号に合流した。イスラエルの空港からの出国は認められず、隣国ヨルダンにまわったが、そこでも飛行機への搭乗を拒否されてしまったのだ。ビザがベトナム語で書いてあって読めないからと言われたが、ラミはもちろんそれが本当の理由だとは思っていない。彼は「僕がパレスチナ人だからだ」と言う。要するに彼がパレスチナ人だから、空港の職員がビザをニセモノだと疑ったらしい。どこの国にも「やっかいな国」の人間に対する偏見がある。このあともラミの入国をめぐっては各地でもめることとなる。しかしシンガポールでは手続きの問題もなく、乗船できた。やっと到着したラミは、ホッとはしていたが、別にウキウキしていたというわけではなかった。実は早くも家が恋しくなっていたのである。

一方ケレンは、待ちかねたように到着したばかりの彼を部屋まで訪ねた。キャビンのドアを開けっ放しにして荷物をほどいていたラミは、これが自分の部屋になるのか……と、これから起るはずのさまざまなことを想像していた。「イスラエル人が乗ってるそうだけど、どんなヤツなのかなぁ、まぁどうせ、何についても意見がぶつかるんだろうな……」などと考えていた。

その時、うしろから声がかかった。「ラミ……」。ラミはその発音から「これがそのイスラエル人か」とわかったという。彼は不意を突かれてふりむいた。

「はじめまして、イスラエルのケレン・アサフです。よろしく」。

いつもは、何となくふてくされているように見えてしまうケレンだったが、実は人一倍照れ屋だ。こういうときの、はにかんだ笑顔はまるで、少女のようだった。握手を求められたラミは、予期していなかった展開に一瞬戸惑った。もちろんイスラエル人が乗っていることは知っていた。しかしこんな形で向こうから出向いてくるなんて……。

「パレスチナのラミです」。彼は、イスラエルの言葉であるヘブライ語でそう言って、彼女の手を取った。生まれてはじめてのイスラエル人との握手だった。そのときは、なんだか不思議な気分だった。そしてケレンが帰ってから、ヘブライ語で話すんじゃなかったと後悔した。「ずっとイスラエル人と闘ってきた自分が、イスラエルの言葉で挨拶して、その一人と握手したりして、あーあ、僕はなんていいやつなんだと思ってた」と言う。

しかし、彼の中では自分にも気づかない何かが、このことをきっかけに変わり始めていった。ラミにとってだけではなく、ラミとケレンにとっての旅が、ここから始まった。

2 超初級パレスチナ講座

※異次元の中で

シンガポールを出航した船内でラミが驚いたのは、ケレンのことだけではなかった。ラミにとって船の中は、まるでビックリ箱だ。船内では、毎日さまざまなイベントが行われていた。ダンスパーティ、コンサート、スポーツ大会、仮装大会、ゲームやクイズ、オークション……特に洋上歌合戦が鮮烈な印象として残っていた。

こんなふうに年配者から若者までが一緒に歌ったり踊ったりする場にいるのは、本当にはじめてだったし、「ものすごくインパクトが強かった」と言う。彼がこれまで知っているパーティといえば、結婚式くらいのものだったからだ。裏を返せば、パレスチナには、娯楽はほとんどないということでもある。見るもの、聞くもの、全てが珍しかった。周りからラミが好奇心の固まりのように見えたのも無理はない。ラミは寝る間も惜しんで手当たり次第に参加した。

毎日が楽しくて仕方がなかった一方で、自分がそんなところにいることが不思議でならなかった。彼がこのとき感じていた雰囲気は、異世界や異文化とのふれあいというよりも、「異次元」に迷い込んだといった方が的確なのかもしれない。国際学生の仲間たちには簡単に溶け込んだし、日本人の若者とも遊びまわるようになっていた。乗船前にあったいろんな不安も、いつの間にか気にならなくなっていた。

国際学生たちと最も仲良く遊んでいた参加者は、あのダンスのチーム・ユネスコの高野モトユキだった。高校時代ずっとバスケット部だったモトユキは、ラミとはよくバスケットをして遊んだ。背が一九〇センチもあるモトユキもかなり上手だったが、ラミはそれ以上だった。勝負にかける気迫が違っていた。普段は人を驚かせているモトユキが、ラミには驚かされることばかりだったという。夜中の二時ころに突然「バスケットやろうぜっ！」と誘われたこともあった。二人はとても気が合った。落ち着きがなく、いつも動き回っている態度もよく似ていた。モトユキは英語はほとんどできなかったが、気持ちが充分通じ合っていたから、そんなことは関係なかったのだろう。

実は、モトユキは船に乗る直前まで予備校生だった。高校までは北海道にいたが、大学受験に失敗して東京の予備校に通い始めたばかりだった。ただ、それほど大学に行きたいとは思わなかった。「このまま大学に行っても物足りないなぁ」、そんなときにたまたまピースボートの話を聞いた。「これだ、これが俺の求めていたものだ！」と直感したという。地球一周というスケールの大きな旅に魅力を感じた。彼が乗船を決めたのはクルーズが出発する一か月前のことである。

入ったばかりの予備校を辞めて「三か月の地球一周に行ってくる！」と聞けば、たいていの親なら「お金はどうするの」とか「せめて試験に受かってからにしなさい！」とか言うところだが、彼の場合は違っていた。父親に相談すると、「何でも好きなことやって来いよ！　そのかわり半端は許さねぇからな！」と二つ返事で送り出してくれたという。破天荒な彼の父親は、いつも口癖のように言っていた。「俺も好きなことばっかりやってきた。モトユキ、お前も人生を突っ走るんだ！」と。一方母親は「えっ、予備校辞めて、地球一周って？　なぁにそれ？　あと一か月後⁉」と電話口で絶句していたという。

そんなモトユキは、自分がどこに行くのかなんて気にしていない。もちろん、パレスチナって言われても何のことだかわからなかった。彼は、たまたま仲良しになったラミがどんな体験をしてきたのかを後で知り、大きなショックを受けることになる。

※ユーゴ紛争とは何か？

ラミは、旧ユーゴ出身の国際学生による講座を興味深く聞いていた。パレスチナとは別の紛争の実態を聞くのは、これがはじめての経験だ。しかも一緒に遊んでいる仲間たちの口から聞くのは説得力があった。それでもはじめは「いくらなんでもパレスチナほど大変な状況じゃないだろう」とタカをくくっていた。しかしその先入観は、あっという間に壊されることになる。

旧ユーゴ紛争は、一般に「民族対立」によって起こった戦争とされている。しかし本当に民族や宗教の違いが原因なのだろうか。簡単にユーゴ紛争の歴史を振り返ろう。

崩壊前のユーゴスラビア連邦共和国は、六つの共和国からなっていた。そしてそこには六つの主要民族と、その他たくさんの少数民族が住んでいた。いわゆる多民族国家である。

そのたくさんの民族をまとめて、第二次大戦後に一つの国を作り上げたのはチトーだった。彼はナチス・ドイツに対する抵抗運動組織・パルチザンの英雄で、後に大統領になる。チトーはナ

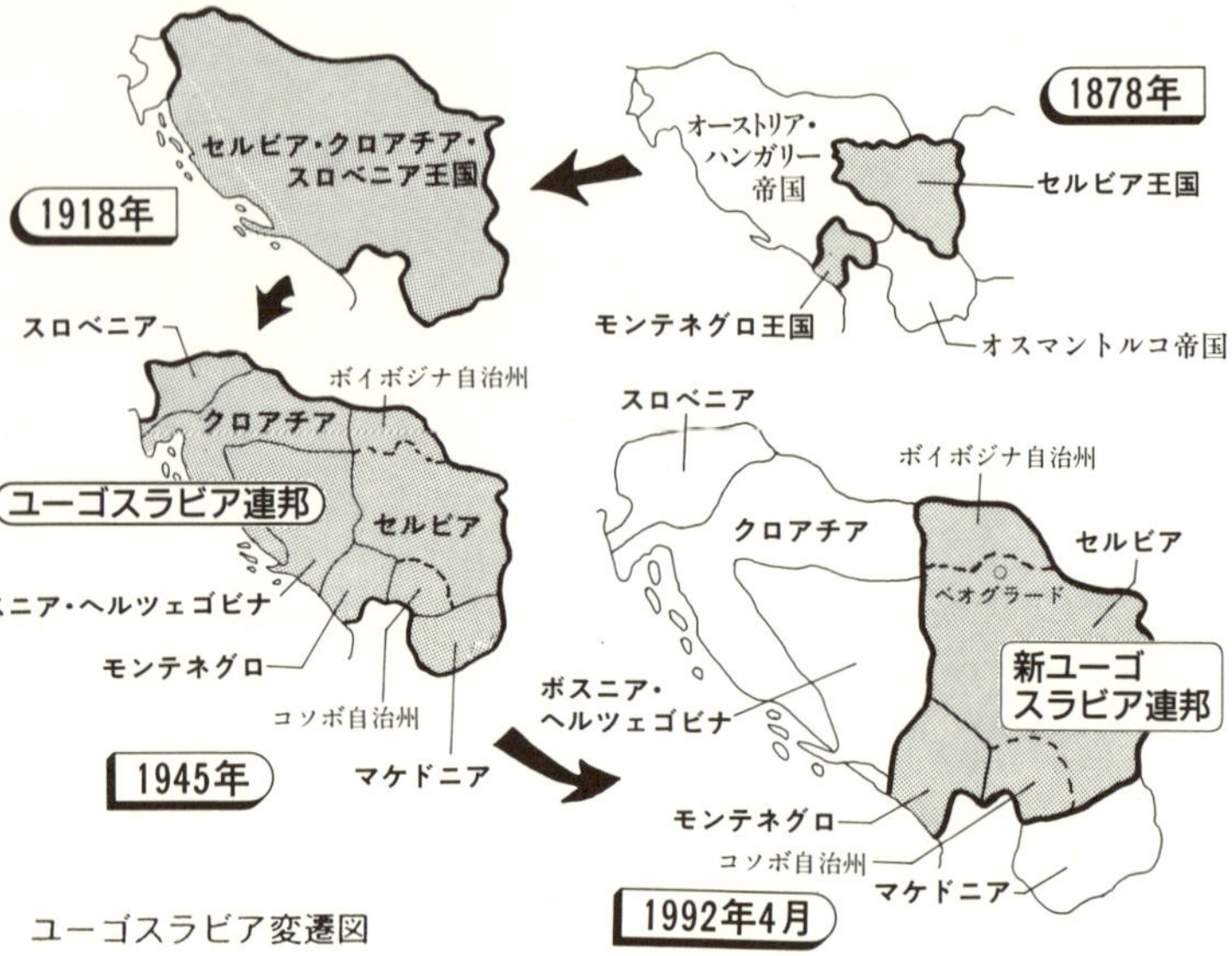

ユーゴスラビア変遷図

チスの支配下にあったこの地域を、ソ連の手助けを借りずに市民の手に取り戻した。そして、ユーゴスラビアという一つの国にこの地域全体をまとめて、その大統領となった。周りの東欧諸国は、ソ連がナチスを倒して解放されたため、戦争後はソ連の影響下に入ったが、ユーゴだけはソ連と同じ社会主義を掲げながら、強大なソ連から自立した立場を取りつづける。世界がアメリカとソ連に二分され、どちらの味方につくのかが問題になっていた時代に、ユーゴは「非同盟中立」を掲げて大いに期待された。「自由で平和な世界を創るために、どちらの子分にもなるべきではない」という考え方である。また、当時は多民族がうまく共存している国家として、理想的な国だとも言われていた。

　ところが、チトー大統領の死去（一九八〇年）を境にさまざまな問題が噴出し、一九九〇年に各共和国で民族主義を掲げる指導者が選ばれると、この国は崩壊に向けて一気に坂道を転がり落ちてゆく。そして九一年にスロベニアとクロアチアが独立を宣言する。ここに独立をさせまいとするユーゴ連邦軍（中心はセルビア）との内戦が勃発した。

紛争が始まった原因の一つには、チトーの生前から停滞気味だった経済の問題もある。はじめに独立を宣言したスロベニアやクロアチアなど北の工業国は比較的豊かな共和国だったが、セルビアやマケドニアなどの農業を中心とした南の共和国は貧しかった。それなのに政治的な権力は常にセルビアが握っているという逆転現象があった。豊かな北の国々では「自分たちが稼いでいるのにこんなに貧しい理由は、あいつらに持っていかれるからだ！」という不満が強くなっていった。一九九〇年一二月、セルビアの大統領になったミロシェビッチは、権力をセルビアに集中させ、不満を力でねじ伏せる姿勢を打ち出した。事態が一気に独立宣言まで加速した理由である。

一方で、国際社会の無責任な対応も紛争を広げた原因とされている。スロベニアやクロアチアが独立を宣言したとき、ドイツを中心としたEU諸国はすぐさまそれを承認して、セルビアを孤立させてしまった。

アメリカともソ連とも同盟しない方針をとってきた旧ユーゴでは、「いつどこから攻めてこられても対抗できるように」「国民みんなが兵士になり、国土全てを要塞とする防衛体制」がとられてきた。誰もが武器を扱うことができ、あちこちに兵器庫が作られていたのである。内戦が始まったとき、その体制がアダとなる。外敵に対する備えが、同じ国民同士の殺し合いを拡大させてしまったのだ。ピースボート・スタッフの吉岡達也は、ユーゴ紛争をテーマにした著書、『殺しあう市民たち』（第三書館）の前書きでこう述べている。

「仕事から帰って、ビールを飲みながらナイター中継を見ている。子どもと妻は、隣の部屋でファミコンをしているらしい。会社では特別、出世しているわけでもないが、そこそこ幸せな日々を送っている。

そこに突然、兵士がドアを蹴破って乱入してくる。あっという間に子どもは射殺され、妻はレイプされ、あなたは理由もなく、刑務所に連行され拷問される。もし、そんなことが起ったら、あなたはどうするだろうか。旧ユーゴスラビアの内戦は、まさにそんな風に始まった。そして、それまで平穏に暮らしていた市民たちが、その日を境に国中で殺し合いを始めたのである。……」

吉岡は、旧ユーゴ紛争が一般に「民族対立」によって起こった戦争とされていることに疑問を感じている。紛争前のユーゴでは、ほとんどの人が民族や宗教の違いなど気にしていなかったからだ。それは、ユーゴから来た四人の国際学生が同じ言葉で違和感なく話している様子を見ても容易に想像できる。見た目でも、彼らの違いなど全くわからない。ヤンの故郷であるボスニアの首都サラエボなどは、かつては多民族共存のモデルとさえ言われていた町だ。

しかし紛争がはじまると、政府やメディア、さまざまな勢力によって「民族間の違い」が強調されていくことになる。かつて理想とされた多民族主義は、各民族のエゴと、過去の民族対立や憎しみを煽る指導者たちによってずたずたにされていった。

二〇〇〇年一〇月にセルビアの前大統領、ミロシェビッチが、セルビアの学生を中心とする抵抗運動をきっかけにして失脚した。彼が権力を握っていたこの一〇年間に、多くの紛争が起こり、たくさんの犠牲者が作り出された。その最大の責任者である彼は、国際戦争犯罪法廷で裁かれている。九〇年代に続いていた旧ユーゴの紛争は、まだマケドニアなどで小競り合いが続いているとはいえ、やっと収束しかけている。そういった激しい戦闘のさなかに思春期を過ごしてきた旧ユーゴからの国際学生たちが、自分たちの体験を語ってくれた。

※パーフェクト・サークル

一九九一年にスロベニアやクロアチアといった共和国がユーゴ連邦からの独立を宣言したことで、それを阻止しようとする連邦軍（中心はセルビア軍）との間で旧ユーゴ内戦は始まった。そして翌九二年には、新たに独立を宣言したボスニアにも戦火が飛び火する。ボスニアには主に、セルビア人、クロアチア人、ムスリム人（ボスニアのイスラム教徒の意味）の三民族が共存していた。そして紛争が始まるとそれら三つの民族主義的なグループが、それぞれの領土を奪い合うという、三つどもえの様相を展開していくことになった。

この紛争の中で敵の民族を村中から追い出したり虐殺したりという「民族浄化」と呼ばれる状況が生み出されてゆく。多くの犠牲を生んだボスニアでの凄惨な状況は、一九九五年に和平合意が締結されるまで続くことになった。

ある日の船内企画で、その内戦下のボスニアを描いた『パーフェクト・サークル』という映画を見た。ボスニアはかつて、たくさんの民族が平和的に共存している国として、世界中から高い評価を受けていた。違う民族同士の結婚など当たり前のように行われていたし、住民の多くは民族や宗教の違いなど気にもしていなかった。ヤン自身も、クロアチア人の母とセルビア人の父との間に生まれている。彼も含めてほとんどの人は、まさか民族の名の下に戦争が行われるとは思ってもみなかった。平和なころのサラエボでは、一九八四年に冬季オリンピックも行われている。

しかし九〇年代に入って民族主義が台頭し、各共和国が独立運動を進める中で様子は一変した。多くの普通の市民は民族主義を煽る勢力に巻き込まれて、「自分がどの民族に属しているのか」が問われるようになった。敵の民族を殺しに行かなければ「民族の裏切り者」として狙われるようになる。そんな中で多民族共存の象徴だったサラエボは、民族主義者にとって格好の標的として包囲された。旧ユーゴの中で最も「自分がどの民族なのか」気にしない人びとが住んでいたからである。

敵の軍隊は山に囲まれたサラエボの街を完全に包囲して、一般市民を標的にして攻撃を行った。

映画では、水も食料も止められる中、街で暮らす人びとは必死に助け合ってサバイバルしていく。その市民の中にはさまざまな宗教、民族の人がいるが、そんな違いは誰も気にしていない。そこには、よく「民族の違いによる紛争」とされるこの紛争の本当の姿が描かれていた。この映画の監督のアデミル・ケノヴィッチは言う。「この戦争は民族と民族の殺し合いじゃないんです。民族主義を煽る人間と、それに従わない、武器を持たない市民たちとの戦いなのです」と。

映画を見たあと、そのボスニア・ヘルツェゴビナの首府、サラエボで生まれ育ったヤンが「戦争は突然、始まった」と語り始めた。戦争が始まったとき、ヤンは一三歳の中学生だった。誰かがサラエボの市街を包囲して、砲撃していた。その砲撃で死者が出たり、街を去る人もいたけれど、そんな中でも、人間は意外と早くそのような状況に慣れてしまう。

「異常な状況の中で普通の生活をしているようなふりをしていました。毎分ごとに砲撃の予告がある中でもトランプをしたりテレビをみたりと、普通の生活を送っていたんです」。

ところがあるとき、ヤンの家から五〇メートルほど離れたところのビルが爆破され、あわててシェルターに逃げ込んだ。しばらくして帰ってみると家の窓が割れていて、迫撃砲の破片が部屋中に散らばっていた。ヤンの部屋の洋服ダンスには大きな穴があいていたという。しかも砲弾が通っていたところは、少し前までヤンが立っていたところだった。さすがにショックを受けた両親は、すぐにヤンがサラエボから出られるように手配した。彼は母と一緒に疎開することになった。ヤンの父は祖母と、包囲されたサラエボに残った。大人の男は脱出することが難しかったこともある。

ヤンがサラエボを発って間もなく、街は完全に包囲され、ますます脱出は困難になってしまった。電話も郵便も途絶えたために、サラエボに残った祖母や父と連絡がとれなくなった。ニュースでは毎日サラエボのことが伝えられていたが、内容は砲撃の様子だったり、死者の数を読み上げたりするものだった。孤立状態の街では水も電気も止まっていた。食料も底をつく中でサラエボの市民は暮らさなくてはならなかった。飢えと寒さの中でも、砲撃は繰り返されていた。

疎開し始めたときにはすぐに帰れると思っていたヤン。しかし彼が家に帰ったのは、五年後だった。サラエボに戻った彼が見た街は、廃墟だった。彼の新しい人生はここから始まったという。

ヤンは戦争の引き起こした悲しい出来事として、サラエボに残った友だちの女の子の話をした。

「彼女はあるときシェルターから出て、外で友だちと遊んでいました。すると近くで砲撃が始まり、彼女がいたすぐそばに砲弾が落ちたんです。彼女の友だちはみな即死して、その友だちの体の一部と、砲弾の破片が彼女の方に飛んで来ました。今も彼女の体には傷がありますが、それは砲弾から直接受けた傷ではありません。彼女の友だちの体の一部が飛んできて受けた傷です。現在も彼女の手足にはその傷跡が残っているんです」。

こういった話は無数にあるという。一九九五年に戦争は終わり、今は復興に向けて進んでいるサラエボ。しかし、ほとんどの人は家族や友人を失ったり大ケガを負ってしまった。この戦争での死者は、サラエボに住んでいた人たちだけでも一万人以上、ボスニア全体にすると三〇万人とも言われている。サラエボ冬季オリンピックの時のスピードスケート会場は今、内戦の犠牲者の墓標で埋め尽くされている。

クロアチア人とセルビア人の間に生まれたヤンは、どの民族でもないボスニアに生まれ育ったという意味での「ボスニア人」である。彼は民族の名の下に行われたこの戦争を振り返って今も考えている。あの戦争は何だったのか、国際社会はなぜ自分たちを見放したのかと。

ラミは、ユーゴ紛争の複雑さや傷跡にビックリすると同時に、民族とは何かを改めて考えていた。かつてのボスニアがそうだったように、パレスチナでも二〇世紀初頭までは、ユダヤ人とアラブ人が仲良く共存していた。民族の枠を越えた結婚だってあった。ラミは、これまで自分たちを苦しめてきたイスラエル人が嫌いだ。でもそれは全てのユダヤ人が敵だということになるのだろうか？　彼は、ケレンと握手したことを、改めて思い返していた。

※ケイの涙

コソボ出身のケイは、何に対しても大まじめだ。勉強するときも、人と話すときも、おかしなことをするのも。船が赤道の近くを通るときに行ったイベント「赤道祭」では、バナナの早食い競争に出場し、見事優勝の栄冠を手にしている。ただの食いしん坊なのかもしれないが……。

そんな彼は、船内で新しいプロジェクトを始めた。日本人の参加者たちと国際学生たちを集めて英語と日本語のバイリンガルマガジン『IZOOMAG（イズマグ）』（意味は〝インターナショナル・ズーム・マガジン〟）を立ち上げた。ケイはその編集長として、船内や寄港地で彼らが気づいたこと、学んだことなどを中心に記事を書いてもらい、編集していった。彼はそこで紛争や難民についてだけでなく、日本人や日本文化への関心なども取り上げている。

いつも前向きで、クルーズ中いろいろな場面で活躍していたケイ。しかし彼もまた紛争を経験してきた。しかもユーゴから来た四人の中では、一番最近までその渦中にいた。

ケイが住んでいるコソボ自治州は、セルビア共和国の中で、セルビア人よりもアルバニア人が多く住んでいる地域である。一九九〇年にセルビアの大統領に就任したミロシェビッチは、セルビア人至上主義的な政策を推し進めて行く中で、コソボに住むアルバニア人への弾圧を強めていた。コソボのアルバニア人たちは反発し、独立を求める運動が高まってゆく。一時は落ち着いたかに見えたが、セルビア軍による弾圧が一層強まると、国際社会では「アルバニア人を守れ」という雰囲気が形成され、一九九九年三月に、アメリカを中心とするNATO軍は、セルビアの首都ベオグラードや、コソボに侵攻していたセルビア軍に対する大規模な空爆を開始した。攻撃は二か月以上にわたって続けられ、そのため「アルバニア人を守る」という名目で行われたにもかかわらず、大量のアルバニア人が難民となって隣国アルバニアなどに逃れた。また、相次ぐ「誤爆」で命を失うアルバニア人も少なからず出た。そしてケイは、セルビア軍の弾圧やＮＡＴＯによる空爆が続いているそんな中でも、自分の家にとどまり続けていた。

一九九九年三月二一日は、セルビア人とアルバニア人の最後の和平交渉が決裂した日だった。交渉がうまくいかなかったので、ＮＡＴＯによる空爆が始まるということは誰もがわかっていた。そのころは、コソボのアルバニア人に対するセルビア側の敵意も日々増していたこともあって、ほとんどのアルバニア人はＮＡＴＯ軍が自分たちを守るために空爆することを望んでいたという。その日はまた、ケイの二一歳の誕生日でもあった。「こんな時に誕生日を迎えても、ちっともうれしくなかったよ」と彼は言う。

それから三日後に、実際に空爆が始まった。その目的が本当に「アルバニア人を守るため」だったかどうかは、はっきりしていない。その後の七八日間の空爆の期間、ケイはほとんど家に閉じこもっていた。外部との主な連絡手段は電話だった。あるときケイが、田舎に住むおばさんと電話で話をしている最中、セルビア軍が彼らを追い出しにやってきた。外の通りに何千人ものアルバニア人が並ばされ、バスで強制的に連れ出されていると言う。おばさんの泣き叫ぶ声が電話越しに聞こえた。そして、おばさんも連れて行かれた。ケイは、愛する人たちが苦しんでいるのに何もできない自分が悔しくて仕方がなかった。

ケイはその当時交際していた彼女とも、電話で連絡をとっていた。毎日のように電話をしていたある日、突然誰も電話に出なくなった。ついにその時が来たのか……ケイは彼女を失ったのだと感じた。

絶望的な状況の中で、彼は生きていくことの意味がわからなくなった。全てに無関心になり、どうでもよくなってしまった。その時期に彼は毎日同じ夢ばかりを見ていた。それは「自分の住んでいる町から彼女の町まで必死で行こうとするのに、結局彼女に会えない」という夢だった。

しかし彼の予感は幸運にもハズレていた。彼女もおばさん同様セルビア軍に家から追い出されて、ケイと連絡がとれない状況にあったということわかったのだ。彼女とはのちに再会することができた。一方で、セルビア軍はアルバニア人同士の連絡をとれないようにするため、電話線を次々に切断していた。そしてついにケイの家の電話線も切断されてしまう。それ以降、状況は一段と悪化していった。その後、予想以上に長く続いた空爆が終わり、NATO軍がケイの家にやって来る。やっとセルビア軍からの攻撃を心配することなく通りに出ることができるようになったときのことを、ケイははっきりと覚えている。

「人びとは泣いて叫んで、街は歓喜にあふれていました。そして僕の人生にとっても最高の瞬間でした」。

実はこの場面について話をするのは、このクルーズで二度目だった。一週間ほど前、ユーゴ紛争の歴史を旧ユーゴから来た四人で話をする企画で、ケイはやはりコソボの話をしていた。個人的な体験ではなく、紛争の説明をしていたのだが、途中でそのときのつらさと安堵感を思い出してしまったのだろう。こらえきれずに涙を流した。突然あふれてきた、という感じだった。人前で泣くわけにはいかないと思ったケイは、そのままヤンたち三人を残して舞台袖に駆け込んでいった。舞台では講座がまだ続いていたが、心配したラミは真っ先に彼のところへ行った。

彼の話を聞いて、家族や愛するものを失う辛さをこのとき一番良くわかっていたのは、ラミだったのかもしれない。ラミにとって、ケイの痛みは自分の痛みでもあった。彼はこう思っていた。
「今まで知らなかった。世界には僕たちパレスチナ人と同じ思いをしている人がいるんだ」と。

一方で、パレスチナでもコソボと同じような人権侵害が行われているのに、アメリカは「パレスチナ人の命を守る」ために軍事介入したことは一度もなかった。これからもそんなことはありえないだろう。なぜならラミたちを弾圧しているのがセルビア軍ではなく、アメリカの友人であるイスラエル軍だからだ。コソボに爆撃したことがよいことなのかどうかは別にしても、ラミは世界が不公平な仕組みで動いているのだということも痛感していた。

※パレスチナって何だ？

船はインド洋に入り、徐々にパレスチナに近づいていた。しかし五〇〇人を越える参加者の中で「パレスチナ」と言ってイメージできる人はほんの少ししかいなかった。ピースボートでは、これから訪れる現地のことについて、専門家が話をする船内講座が毎日開かれている。ケレンやラミにとって、ここが自分たちの思いを伝える主な場になった。

パレスチナに関するはじめての入門講座は、ケレンとラミ、そして国際政治・中東専門家の放送大学助教授、高橋和夫さんによって行われた。ちなみに高橋さんは今回、一か月以上も乗船してラミやケレンのほとんどの企画をサポートしている。講座のタイトルは「超初級パレスチナ〜これで森本良太も中東専門家！」。

司会に抜擢されたのは、出航イベントで司会をした森本良太だった。彼は、これまでパレスチナのことなどほとんど知らなかった。初心者にわかりやすい講座をするために、良太が参加者に代わって、三人にわからないことをどんどん質問する形をとった。「彼がわからないことは他の人もわからない。良太が理解できるような講座をすれば、たくさんの人が支持してくれるはず」という狙いからだ。

実は良太は、すでにイスラエルには行ったことがあった。一般の参加者として乗船した前年のクルーズの寄港地に、たまたまイスラエルが入っていた。洋上ではサッカーに熱中していた彼は、船内で一度もこのような講座に参加したことがなかったし、イスラエルでもマーケットで買い物を楽しんだり、死海で海水浴を満喫していた。紛争のことは特に関心はなかったという。当時の彼にとっては世界一周の中の、たくさんある寄港地の一つに過ぎなかったのである。

しかし今回は、参加者をリードするスタッフという立場でパレスチナへ行くことになった。前回行ったのに、何もしなかったことを思い出して、彼は「ちょっともったいないことをしたなぁ」という気分になっていた。二回目となる今回、イスラエル・パレスチナはもうただの「寄港地の一つ」ではなくなっていた。良太は、講座や現地への訪問を通じて「今度こそ」何かをつかもうとしていたのである。

しかしケレンとラミにとってもはじめての講座である。相手がどんなことを考えているのか、お互い手探り状態で、すでに打ち合わせのときから二人には緊張感があった。そして、困惑もしていた。良太は初心者に合わせて講義を進めるために、事前に参加者にアンケートを取っていた。パレスチナと聞いてイメージがわく人は少なかった。「紛争があるらしいけどよくわからない」といった回答はまだましな方で、そもそもパレスチナというのが宗教なのか、民族名なのか、場所の名前なのかわからないという人が多くを占めた。

「日本人って、こんなにパレスチナのことを知らないの?」ケレンとラミはアンケートを見て愕然とした。ケレンは「オスロ合意」や「キャンプ・デービット会談」から話を始めようと思って準備していたのである。良太が「それはちょっと難しすぎるよ」と言った。もちろん良太にとっても、そんな言葉は魔法の呪文にしか聞こえなかった。一方ラミは、パレスチナ人がどんな目に会っているのか、早く伝えたかった。彼らにしてみれば「パレスチナがどこにあるのか?」なんてところから始めるなんて、思ってもみなかったのである。

二人はあせった。自分たちはパーティをするために来たのではなく、たくさんの人に自分たちの現状やこの問題の本質を伝えるためにやって来たんだ、という意識が強かったからだ。船にも衛星通信から、パレスチナの緊迫した情勢が届いている。そのときケレンは「私が船に乗っていることに、自分自身で納得がいかなかった」と感じていた。自分たちが乗ってきたことにどんな意義があるのかは、こういった講座で何を伝えられるかにかかっていると言ってもよかった。

ケレンはこの打ち合わせで感じたギャップについて、後にいい勉強になったと言っている。

「ピースボート乗船前は、誰もが紛争の全てを知っていると思っていたんだけど、実際に来てみて、自分たちが世界の中心にいるわけじゃないってことがよくわかった。この経験は、一歩外に出て頭をクリアにするいい機会になったと思うんだ。長い間自分たちの問題だけに関わっていたので忘れていた、自分自身の状況を見つめ直すということになったんじゃないかなぁ」。

一方ラミは、イスラエル人に対する疑いでいっぱいだった。このころ彼はまだ、良いイスラエル人なんていないと思い込んでいた。ケレンが提案しても、ラミが反論してうまくかみあわないこともあった。ただ、多くの場合、ラミは正直に思っていることを口にしないで、不満そうな様子だけをあらわにしていた。ケレンは、そんなラミとの関係がもどかしかった。

「何をするにもたいへんだった。すごくデリケートな問題だったよ。最初は二人の間にものすごい緊張があったもん。私はイスラエル政府のために話をしているのではなくて、言うこと全ては心から出ているし、言っていることそのままの信条をもった人間であることをラミに信じてもらわなくちゃいけない、と思っていたの。自分はイスラエル人だけど、イスラエル政府がやっていることに反対している人間であることを、どうやって証明しようか日々努力しているかのようだった。自分のありのままの姿を見せるって、とても難しかった。すること全てが誤解されても仕方のない状況でしょ。お互いがどう接していいかわからなかったの」。

ぎくしゃくしていた二人の間を、コーディネーターのイジー（イザベル・ハレット）がとりもった。ケレンもラミも、お互いには気を使って、面と向かって本音で話すことができないでいたが、イジーとは本音で話せた。打ち合わせの最中、ラミはケレンに直接言わずにイジーの耳元で「彼女が言ってる歴史は違ってるよ」とささやいたりした。イジーは打ち合わせが終わってからラミにこう言った。

「ケレンは正直に言って欲しいと思ってるよ。自分のことをどう思ってるのか気にしてるし、言ってもらった方がうれしいの。だから直接話しても大丈夫なんだよ」。

一方ケレンも、憎み合うような関係になるのが怖くて、ラミには思っていること全てを言えなかった。イジーは、ケレンにはこうアドバイスしている。

「どうせうまくいかないなら、直接本人に言った方がスッキリするんじゃないかな」。

イジーは、パレスチナ問題に詳しいわけではなかったが、北アイルランド問題には深く関わっていた。カソリック系の若者とプロテスタント系の若者の交流をコーディネートしてきた経験から、コミュニケーションの大切さを何よりも理解していた。そんな彼女が二人の間に入ったのがよかったのだろう。イジーは二人に協力しただけだと言う。

「緊張感はラミの方が強かった。イスラエルの中に、パレスチナ人のことを考えている人がいるなんて思いもよらなかったんだから当然だよね。私自身は、彼らのような紛争の中で暮らしているわけじゃないから、お互いの緊張感をほぐすことは難しいことだとは思っていたけど。でも彼らがそれぞれたいへんな時期に故郷を離れてこの船に乗って来たってことは、二人とも何かを求めてきたはずなの。だからそこを後押ししてあげたかった」。

講座当日、三〇〇人が入る会場にそれを越える参加者が集まった。通路に座っている人まで出た。ケレンとラミは、パレスチナって何？　どこにあるの？　ユダヤ人ってどんな人？　何で争っているの？　などといった初歩的な質問に答えていった。

主にケレンとラミが話して、初心者にわかりにくい部分を高橋和夫さんが解説する。京都出身の良太は、関西人特有の笑いのセンスをフルに活かして、割り込んでいった。はじめてパレスチナの話を聞いたモトユキをはじめとして、「パレスチナに興味はあるけど、な〜んにも知らない」

という状態だった参加者にとっては、とてもよい入門講座となったと誰もが思っていた。

※それぞれの収穫

だが、講座が終わったときラミは不満だった。講座の最後に良太は自分自身が理解しやすくするために、その日の内容をある程度簡潔にまとめた。「これで僕も中東専門家ですかね」と小生意気に締めたトークは参加者から拍手喝采を受けた。ラミは、それが気に入らなかった。そこに住んでいる人間にとっては、こだわっている部分を切り捨てられているのに、それが全てのように語られるのは、納得いかなかった。良太は講座が終わってからケレンやラミと話す中で、なぜ彼らがそこまでこだわるのかを実感していた。紛争の現場から来ている人間と、平和の中で育ってきた参加者とのギャップをこのとき一番痛感していたのが、良太だったのかもしれない。

「本当に何も知らなかった僕が、その講座を通して問題をわかったつもりになっていた。ところが講座の最後のまとめを聞いたラミは、『そんな簡単なことではない』と怒った。ラミは『そんなモノではないんだ。早くパレスチナが受けている差別のことを伝えさせてくれ』と訴えていた。その時にはじめて、僕らが想像できないような苦しみを、彼が受けてきたんだということに気づいた」。

同様のスタイルを維持しながらも内容を深めていく形で入門講座は、シリーズ化されて何度か行われた。パレスチナについての講座は人気となり、それにつれて現地を訪問することへの興味も高まった。そのころになると、ケレンとラミも、次第に参加者の気持ちや理解力をつかめるようになっていた。ラミは言う。

「はじめは日本人が何を考えているのかよくわからなかったけど、実は彼らはちょっとシャイなだけなんだということがわかった。だんだん彼らのことが好きになったよ。もっとたくさん話して、もっと彼らと混ざろうと思った」。

二人にとっては、自分の経験をたくさんの人に伝えること、それもパレスチナから遠くはなれて今まで関心のなかった日本人に伝えることが、いかに難しいかを実感しただけでも、収穫だったのかもしれない。ケレンは船内での講座についてこう振り返る。

「イスラエル・パレスチナ紛争を身近に感じ、深く理解してもらうために人の前で話をするのは充実感があった。はるか遠くの国にいる人たちがこの問題を気にするようになって、何か行動を起こすきっかけを自分が作れるかもしれないなんて、大きな興奮と感謝の気持ちでいっぱいだよ。プレゼンテーションのあとに人が来て『多くを学びました』と言って、質問してくれるのはもう、ほとんど感動ものね！」

そしてこれらの講座を通じて、ラミとケレンは本音で話すようになっていた。

「そもそも相手の全てに賛成することなんてできなかった。でも、国籍とか政治的な関係を越えた何かが欲しいね、って私たちは話し合った。そしてはじめてラミと一緒にやった講座で、リョータが『イスラエルはどこですか』『じゃあパレスチナは?』って聞いたとき、二人ともその問いに同じような答えを出したの。二人の間にあった壁の一部が壊れた感じだったよ。お互いがお互いの違いに触れながら、隠さずに思ったことを言えたからね。この後から全てが少しずつスムーズになっていった」。

はじめはケレンに対抗していたラミも、「もっと彼女の考えを聞いて理解しよう」と思うようになっていった。それまでお互いの間のギャップにばかり気をとられていた二人だったが、彼らの状況を全くわかっていない日本人とのギャップの方が、実は大きいのだということに気づいた。そして「この状況を乗り切るために、二人で協力して伝えていかなくては……」という意識が働いたのかもしれなかった。

ラミはその後、ケレンと握手をしたことについて質問された。大勢の人の前で、イスラエル人と握手をしたことを話すのははじめてのことだった。このときラミが語った内容は、握手をした直後の感想とはだいぶ違っている。

「そうですね。僕にとってケレンがはじめて握手をしたイスラエル人です。自分でも信じられないことだと思いました。ケレンが自分の部屋に入ってきて私の手を握ってくれた時のことをずっと忘れないと思います。でも次第に彼女はイスラエル人ではないんじゃないかと思うようになりました。彼女が大半のイスラエル人とは全く違った考えを持っているからです。

僕はイスラエル人といつも接してきたので、彼らのことはよく知っているつもりでした。彼らはいつも平和を口にするけど、その平和はいつも僕たちにとっての平和ではありませんでした。でも〝ケレンは違う〟ということに気がついたんです。だから今僕は、イスラエル人というのはみんながみんな、これまで自分が思っていたような人たちばかりではなく、ケレンのように平和を考えている人がいるのではないかと思うようになりました。そう思わせてくれたのは、ケレンとの出会いが全てだったと思います。でも、僕が家に帰って〝イスラエル人と握手をした〟と言ったら家族や友人は信じてくれないでしょう。彼らは僕がこれまでどれほどイスラエル人を嫌っていたかをよく知っているからです。イスラエル人とは戦うしかないと思っていましたから」。

ラミはケレンと接して行くうちに、自分の中のイスラエル人に対する警戒心や恐怖感をだんだんと溶かしていった。ちなみに後日、途中の寄港地から実家に電話をした彼が〝イスラエル人と握手をした〟と話しても、やっぱり誰も信じてくれなかったそうである。

Ⅱ 【Q＆A】 イスラエル・パレスチナ入門

解答者　高橋和夫（放送大学助教授）

（この章は、ピースボート船内講座より構成）

パレスチナに興味はあるけど、な〜んにも知らない参加者に向けた船内講座
左側が答える高橋和夫・放送大学助教授

【Q&A】パレスチナの地理・歴史は?

✴ パレスチナってどこにあるんですか? どんな歴史があるんですか?

パレスチナとは、西アジアの地中海南東岸地域のことです。紀元前からパレスチナで盛衰を繰り返していたユダヤ人社会は、西暦七〇年に崩壊し、ユダヤ人は世界各地に散っていきました。その後、パレスチナにはアラブ系の人びと(パレスチナ人)が多く住み、この地に残ったユダヤ人とも平和共存してきました。

一九四八年、ユダヤ人はそのパレスチナの地にイスラエルを建国しました。それと引きかえに、パレスチナ人は住む場所を奪われ、その多くが難民となりました。

✴ パレスチナ問題についてよく言われるのは、「二千年の怨念の争いだ」ということなのですが、これは本当ですか?

違います。一九世紀の末から二〇世紀のはじめに、ヨーロッパから多数のユダヤ人がパレスチナの地に入ってくるまでは、パレスチナ問題というのはなかったんです。対立はせいぜいこの一〇〇年につくられたもので、それまでは長いこと多民族、多宗教の人びとが一緒に暮らしてきていました。

国を持たないユダヤ人は、ヨーロッパ社会の中でずっと差別されてきました。特にキリスト教社会の中では、ユダヤ人は「イエス・キリストを処刑した民」ということで嫌われてきたのです。反ユダヤ主義の高まりの中で、パレスチナにユダヤ人の国家をつくろうという運動（シオニズム、シオンとはエルサレムにある丘の名前で、ユダヤ教の聖地）が始まったのは一九世紀末ですから、パレスチナ問題はたかだか一〇〇年くらいの問題です。

当時、パレスチナはオスマン帝国（オスマン・トルコ）の支配下にあったので、ユダヤ人の移住はオスマン帝国のスルタンに許可を得た移民という形で、土地を買って入植するという方法で始まりました。

第一次世界大戦のとき、オスマン帝国はドイツ・オーストリア側につきました。イギリスはオスマン帝国の撹乱を狙い、一方では一九一五年にアラブの独立国建設（パレスチナを含む）を約束し、他方では一九一七年にパレスチナにおけるユダヤ人の国家建設を支持する約束をし、さらにフランスには旧オスマン帝国の支配地分割統治を提案します。この「三枚舌外交」がパレスチナ問題の原因ともなったのです。

第一次世界大戦でオスマン帝国敗退後、国際連盟の決定により、結局パレスチナはイギリスの委任統治領となりました（一九二二年〜一九四八年）。一方、ナチスの迫害により、ヨーロッパからパレスチナに移住するユダヤ人は増加の一途をたどりました。

第二次世界大戦後の一九四七年一一月、国連総会はパレスチナ分割決議を採択し、パレスチナをユダヤ人国家とパレスチナ人国家に分割し、エルサレムを国際管理下に置くと決定しました。そして、一九四八年五月にユダヤ人国家イスラエルが建国を宣言してしまったのです。

✴ イスラエル建国以前にも、ユダヤ人はパレスチナ人の地域にどんどん入ってきていたんですね。なぜユダヤ人とパレスチナ人はうまくやっていけなかったのでしょうか。

いわゆる「ユダヤ人」というのはヨーロッパからやってきたわけです。どう考えてもオスマン帝国下にあったパレスチナ人よりユダヤ人のほうが教育水準が高いし、資本も技術力も持っている。普通なら彼らが工場や農場を作って、パレスチナの人たちを使って金もうけをする。これをイデオロギー的には「搾取」という人もいるわけです。

ところが、パレスチナに入ってきたユダヤ人たちは、そうは考えなかった。彼らはヨーロッパでのユダヤ人社会は「いびつなもの」、逆三角形の形をしているという考え方でした。普通の社会というのは、まず農民がいて、足を地にしっかりとつけて農業をして、作物を生産する。工場労働者がいて、労働をして汗を流して工業製品を生産する。そして大学の先生とか弁護士とか、生産をしない人間が少しいる。ところが、ユダヤ人は差別されていますから、農業をやろうと思っても土地が買えない。大きな会社に就職しようと思っても「ユダヤ人はいらない」と言われてなかなか就職できない。だから、ユダヤ人は自分で商売するか、勉強するかしかないわけです。ですから、ユダヤ人の多くは、大学の先生、医者、弁護士、文学者、音楽家など、組織ではなくて一匹狼でやっていく人なんです。農業をやっている人はほとんどいない。

ユダヤ人たちは考えました。こういういびつな社会は良くない、パレスチナに自分たちの国をつくるときは、自分たちで生産をしよう。農業も工業もやらなければならないと。彼らは東ヨーロッパからやってきたのですが、当時の東ヨーロッパで流行していた思想も一緒に持ちこんだんですね。それは「社会主義」という考え方です。

そこでユダヤ人たちは自分たちで土地を手に入れて、自分たちで生産しはじめました。生産手段など全てを共有する農場「キブツ」などができるわけです。パレスチナ人を搾取しないのはいいことかもしれませんが、ユダヤ人は現地の人から土地を買い、現地の人を雇わない。ユダヤ人が生活する空間が広がれば広がるほど、パレスチナ人は中に入れなくなるんです。

アラブ社会の真ん中に突然ヨーロッパ社会ができたようなものですね。このように、ユダヤ人の資本とパレスチナ人の労働力が結びつくことはなく、お互い居心地悪く共存している状態になりました。

✴ そもそも、なぜパレスチナ難民は発生したのでしょうか。

答えは二つあります。イスラエルの教科書に書いてある答えと、アラブの教科書に書いてある答えです。

まずはイスラエルの答えです。一九四八年にイスラエルを建国し、第一次中東戦争が始まったわけですが、戦争中にアラブ側がパレスチナ人に避難を呼びかけた。アラブ軍が勝利したあとに帰還すればよいと思ったパレスチナ人たちは、そのために故郷を離れたということです。

✴ それがイスラエル側の言い分ですが、事実としては、パレスチナ側が虐殺される恐れを感じて逃げ出したんですよね？

パレスチナ人に実際に聞いてみますと、自分から勝手に逃げ出したとか、アラブの放送を聞いて故郷を離れたという人には、まだ一度も会ったことがないですね。アラブ側も、避難を呼びかける放送などは流していないと言っています。パレスチナ側から見れば、あくまでもイスラエルに追い出されたということです。これがアラブ側の教科書の歴史です。

【Q&A】中東戦争って何？

＊ 中東戦争は五回あったそうですが、その一つ一つについてご説明いただけますか。

まず、一九四八年の第一次中東戦争です。建国を宣言したばかりのイスラエルをアラブ諸国軍が攻撃しました。イスラエルは苦戦したんですが、勝ってパレスチナの七八パーセントを支配下におさめました。こうしてイスラエルという国は生き残ったのですが、周辺のアラブ諸国は当然おもしろくない。

一九五六年、第二次中東戦争が起こりました。まず、エジプトのナセル大統領が、スエズ運河の国有化を宣言しました。ナセルの目的は、スエズ運河の通行料を自国の収入にし、ナイル河に新しいダムをつくる資金源にすることでした。

実はそれまで、スエズ運河はエジプトにありながら、エジプトのものではなかったのです。スエズ運河はフランス人技師のレセップスの指導のもとに一八六九年に開通しましたが、実際に掘ったのはエジプト人労働者です。そして一八七五年、スエズ運河の株の過半数をイギリスが入手しました。それ以来、スエズ運河地帯はエジプトの主権が及ばない地域だったのです。それをナセルが「エジプト人が掘ったんだからエジプトのものだ」と宣言したわけですから、イギリスとフランスが素直に納得するわけがありません。

もう一つは、エジプトの力がだんだん強くなってくると、それがイスラエルにとっては脅威なわけです。もっと強大になる前に叩こうとします。というわけで、イギリスとフランスはイスラエルと共謀しました。まずは一九五六年、イスラエルがエジプトに戦争をしかけて、スエズ運河の東側のシナイ半島を占領しました。これが第二次中東戦争です。イギリスとフランスはイスラエルをけしかけたにもかかわらず、戦火がスエズ運河に近づくと「スエズ運河を守る」と言って軍隊を派遣しました。これを「スエズ動乱」といいます。この時はアメリカとソ連がイギリス、フランス、イスラエルに撤退を勧告したので、結局撤退しました。

次の第三次中東戦争は一九六七年です。六月に六日間の戦争をして、イスラエルは大勝しました。戦争の相手国は、シリア、ヨルダン、エジプトです。シリアからはゴラン高原、ヨルダンからはヨルダン川西岸地区、そしてエジプトからはガザ地区とシナイ半島を占領しました。

そのあと第四次中東戦争、そしてレバノン戦争と続くわけです。第四次は一九七三年です。このときはシリア軍とエジプト軍がイスラエルに奇襲攻撃をかけました。シリア軍とエジプト軍は善戦したんですけれども、結局イスラエル軍が盛りかえして引き分けに終わった。戦う前まではイスラエルが絶対優勢だと思われていたのに苦戦をしたので、イスラエル側はかなりのショックを受けました。このときはイスラエルを援助したアメリカに対してアラブの産油国が石油の輸出をストップし、石油ショックが起こりました。

第五回目の戦争は一九八二年に起こります。レバノン戦争と呼ばれています。イスラエルのすぐ北にレバノンという国がありますが、この半分くらいをイスラエルが占領しました。戦争の相手はアラファト議長率いるPLO（パレスチナ解放機構）です。PLOは一九七〇年からレバノンに入り込んで根拠地を持っていました。レバノン戦争とは言いますが、実際にはイスラエルはレバノンと戦ったわけではなく、戦場がレバノンだったわけです。

イスラエル軍はレバノンの首都ベイルートにまで迫ったのですが、その郊外にはパレスチナ人の難民キャンプがあります。このときPLOは追い出されます。チュニジアに移りますが、PLOがチュニジアに撤退する時、イスラエルと協定を結びました。その内容は「PLOが撤退する代わりに、ベイルートのパレスチナ難民には危害を加えない」という約束でした。しかし、イスラエルが直接手を下したわけではないのですが、イスラエルと同盟していたレバノンのキリスト教徒の軍隊が難民キャンプに入って、パレスチナ難民を虐殺してしまったんです。当時、イスラエルの国防大臣だったのが、現在のイスラエルのシャロン首相です。だから、パレスチナ人にとってシャロンといえば「あの虐殺事件のときに国防大臣だった」というイメージが強く、印象はとても悪いのです。

このように大きな戦争だけでも五回あったのです。また一九八七年から九三年までは「第一次インティファーダ」といって、占領地のパレスチナ人がイスラエル占領軍の撤退を求めて激しい抵抗運動を展開しました。二〇〇〇年九月からはやはりシャロンの挑発行為が原因となって、「第二次インティファーダ」が起こっています。

その他の小さい衝突を数えれば数限りないというのが、中東での戦争と衝突の概要です。

＊ 中東戦争の時、アラブ側は負けたらイスラエルの国力がさらに大きくなるとわかっていて、どうして戦争をしかけたのですか？

戦争というのは、大概は勝つと思っている方がしかけるんであって、負けると思う方はしかけない。一九四八年の場合は、アラブは勝つと思ったのに負けたんですね。五六年はアラブ側はするつもりはなかったのですが、イスラエルがしかけて、アラブ側は負けてしまった。六七年もイスラエルがしかけた戦争で、またアラブ側が負けるわけです。

七三年はアラブ側がしかけたのです。このときエジプトの大統領はナセルの後継者のサダトで、サダトはイスラエルと交渉して土地を返してもらおうと思ったのですが、イスラエルは応じません。そこでサダトは、どうやったらイスラエルを和平のテーブルにつかせることができるかと考えます。ここはやはり一戦交えて強いところを見せなければいけないと思うわけです。

七三年の戦争でもっと重要なのは、エジプトはもともとイスラエルと徹底的に戦争をする気はないんです。少々土地を取り返して、勝った勝ったと言って交渉に持ち込みたかったんですね。だから、七三年はアラブ側も考えに考えてしかけた戦争です。

八二年の戦争はイスラエルがしかけて勝っているので、やはり勝てると見込んだ方がしかけるという戦争の定石といえるパターンですね。

＊　戦争を繰り返していたら問題解決の糸口さえつかめないと思うのですが、その点はいかがですか？

みんなそう思っているんですけどね。イスラエルも一人当りのGNPは高いけど小さな国ですし、エジプトは大きな国だけど貧しい。どうして戦争を繰り返すことが可能かといいますと、自国のお金で戦争をやっていないからです。アメリカとソ連の納税者のお金で武器を買ってもらってやっていたから可能だったわけです。

だから、最近大きな戦争はありません。ソ連がなくなったのが一因です。もちろん問題は中東の中にあるんですけれども、大きな戦争になる場合には、必ずアメリカやソ連などの大国がからんでいたわけです。中東現地の問題が、大きな国際政治の枠組みのなかで、こうした戦争に発展しているんですね。たとえば七三年の戦争は二か月、六七年は六日間で終わっています。あまり長くやってもらっても大国が困るわけで、適当なところで「待った」をかけたりするんです。

✴ イスラエルは本当に核兵器を持っているのですか?

イスラエルは「核兵器を所有している」とは公式には言いません。しかし、ほとんど公然の秘密です。

イスラエルがいつごろ核兵器を開発したのかは公表されてないんですけれど、イスラエルの核兵器開発を進めた人物は、ラビンが殺されたあとに首相になったペレスだと言われています。ペレスはハト派のイメージの人物ですが、実は彼がイスラエルの核兵器開発では重要な人物だったわけです。

イスラエルが核兵器を開発するに当たっては、フランスの協力があったそうです。イスラエルとフランスは一時期とても仲が良かったんですね。フランスの核兵器開発にイスラエルの技術者や科学者が協力して、それで核兵器の技術を持って帰ったと言われています。

イスラエルの砂漠にあるディモナという町に原子炉があります。そこでイスラエルは核兵器を開発したと言われていますが、いつごろから実戦に配備したかについては、諸説あります。一九六七年の戦争の時は、すでにイスラエルは核兵器を持っていたと言われています。一九七三年の戦争の時は、最初イスラエルは追い詰められるわけですけど、アメリカに軍事援助を要請したらアメリカがなかなか援助してくれない。そこで「核兵器を使うぞ」とアメリカを脅かしました。どうやって脅かしたかというと、これも公表はされてないんですが、イスラエルの核ミサイルは地下のサイロに入れてあって、普通はサイロに蓋をして上からは見えないんですけど、そういう危機的な状況になると、アメリカの人工衛星（スパイ衛星）がイスラエルのミサイルの置いてあると思われる周辺の上を回り始めて、写真を撮るわけです。その時、蓋を外してミサイルを少し見せる。そうするとアメリカは驚いて「イスラエルは本気だ」ということがわかったというんです。

ではイスラエルはどのくらい核兵器を持っているのか。イスラエルは持っているとも持っていないとも言わないので、正確な数はわかりません。しかし、おそらくアメリカ、ロシアの次くらいに持っているかもしれないと言われてます。このことは、実はイスラエルの核兵器の関連施設で働いていた技術者が、そこを辞めた後に、イギリスの新聞社に実態を暴露したんです。核施設の写真も出て、こんなに持っていたという事実が明るみに出ました。暴露した技術者は、イスラエル人のスパイに誘拐されてイスラエルに連れ戻され、今は刑務所に入っています。

イスラエルはどこで核実験をしたかというと、実はアフリカ南部の沙漠です。一九九三年まで南アフリカにアパルトヘイトの政権があった時代、南アフリカとイスラエルとは非常に近密な関係を持っていました。そこでアフリカの南部で実験をしたのですが、アメリカは人工衛星でそれを見ていて、実験をやったことには気がついていたんです。でも、イスラエルが核兵器を持っていることを認めると、アメリカの法律上、イスラエルを援助しにくくなる。それはアメリカ国内に「核兵器の開発国には援助しない」という法律があるからです。だから、見て見ないふりをして今日に至っているということです。イスラエルは核兵器を持っていないとは誰も思っていない。みんな「持っている」という前提で動いているのに、建て前では「持っていない」ことになっているわけです。

【Q&A】イスラエルの指導者はどんな人たち？

✴ イスラエルのシャロン首相のイメージは非常に悪いと言うことですが、それでは、なぜシャロンは首相になれたのでしょうか。

シャロンはアラブ人にとってはイメージが非常に悪い人です。それではイスラエル人にとってはどうかというと、やはり「血なまぐさい」というイメージもあるのです。ただ、彼は国防大臣になる前は将軍で、天才的な戦術家なんですね。

例えば一九七三年の第四次中東戦争の時の手柄があります。この時にイスラエルは苦戦しました。一〇月六日、シリアとエジプトが一斉攻撃をかけた時、イスラエルは完全に油断していたんです。その前の一九六七年の戦争はイスラエルのノック・アウト勝ちですから、アラブの戦力なんて大したことはないし、また戦争を仕掛けてくるような馬鹿なことはしないだろうと高をくくっていたわけです。

ところがシリアとエジプトに挟み撃ちにされて、イスラエルはあわてます。イスラエルはアメリカ製のファントムという戦闘爆撃機を飛ばしますが、当時シリアとエジプトにはソ連製の新型の対空ミサイルが配備されていました。このミサイルがファントムをどんどん撃ち落とします。痛手を負ったイスラエルは戦術を変えて、戦車部隊を繰り出します。ところが、やはり新型の対戦車ミサイルが力を発揮します。一日で何百台ものイスラエルの戦車が破壊されてしまいました。

しかし、その後イスラエルは、アメリカの軍事援助で息を吹き返し、まずはシリア軍を破ります。その時、エジプト軍はスエズ運河を渡ってシナイ半島に攻め込んできていました。そして当時、対エジプト戦争を指揮していたのがシャロンでした。シャロンの作戦は、夜中に筏《いかだ》に戦車を載せて、スエズ運河を逆に渡るというものでした。朝起きたら、エジプト軍はスエズ運河を越えてシナイ半島を支配しつつあったのに、イスラエル軍はスエズ運河のエジプト側を占領していたのです。つまりシナイ半島にいる何万人かのエジプト軍が、袋のねずみになってしまったわけです。沙漠で包囲されたらどうなるか。水がないから三日で全滅です。そこで「いいかげんこれで停戦しよう」ということになって、停戦になったわけです。イスラエルは本当に危なかったのに、シャロンのおかげで逆転満塁ホームランとなった。あの危ないときにシャロンは頑張ってくれたという気持ちが、イスラエルの中では強いと思います。首相になった背景には、軍人としての華々しいキャリアがあるということは、知っておいたほうがいいと思います。

✴ シャロン首相以前の首相の名前や特徴を教えてください。

シャロンの前は、バラクという人です。バラクはシャロンよりもずっと若いのですが、やはり軍人出身です。イスラエルで選挙に出ようとか、政治家になろうと思うのなら、軍人としてのキャリアはとても重要です。イスラエルは国民皆兵ですね。戦前の日本もそうでしたが、それに加えてイスラエルの場合は、女性も銃をとるわけです。だから安全保障や防衛に関してはみんなすごく詳しいわけです。身体を張って国を守った経験、血を流した経験のない人はどうも信用できないということになるんです。

バラクはイスラエルのエリート部隊の指揮官をやっていました。レバノンにPLOがいたとき、バラクはPLOと戦っています。一九七二年のミュンヘンオリンピックのとき、パレスチナの過激派がイスラエル選手団を人質にとり、そのうち何人か殺されました。イスラエル選手団を殺したテロリスト全員が、その後イスラエルによって暗殺されます。その暗殺担当がバラクだったんです。バラクはレバノンのベイルートにあったPLO本部に、女装して胸に手榴弾を隠して乗り込みます。そしてPLOのテロリストを殺しています。そういう人物です。バラクはイスラエルで一番たくさん勲章をもらった人物とも言われています。

バラクの前は、ネタニヤフという人物です。ネタニヤフもやはり特殊部隊にいました。一時はネタニヤフの上官がバラクという時期もあったんです。彼はハイジャックされた飛行機に突入してパレスチナ人と撃ち合って、顔に怪我をしたという経験を持つ人物です。

ネタニヤフの前がペレス、その前がラビンという人です。ペレスは実務能力の高い政治家ですが、軍人としての戦歴のない人物です。ラビンのときにオスロ合意（一九九三年）があって、パレスチナ側と話し合おうという気運が生まれます。一九九五年のラビンの暗殺後にペレスがそれを引き継いだのですが、その後の選挙で負けてしまった。ペレスが負けた理由の一つはやはり「ペレスは軍隊で危ない目にあっていない」というのがあったようです。

【Q&A】オスロ合意とラビン首相暗殺

＊「オスロ合意」について教えてください。

一九九三年九月、イスラエルのラビン首相とPLO（パレスチナ解放機構）のアラファト議長の間で「パレスチナ暫定自治合意（オスロ合意）」が結ばれました。

オスロ合意では、一応パレスチナの占領地域で暫定自治というのが始まります。最初に自治が始まった所はガザ地区とエリコ（英語ではジェリコ）という都市です。

イスラエル軍の占領時代、自治が始まる前のエリコに、私は行ったことがあるんです。自治が始まってからエリコで一番変わった点は、パレスチナの旗です。イスラエル軍が占領している間は、旗を持っているだけで逮捕されました。パレスチナの旗と同じ色の絵を描いたりしただけで「お前はパレスチナの民族主義者だろう」と言われて逮捕されたり、とにかくこの旗を持っていたら危険だったのです。

ところが暫定自治が始まって、パレスチナ人の自治区として動き出し始めますと、パレスチナ人はこの旗を持っていいことになる。だから非常に嬉しくて、どの家もこの旗を立てているわけです。なかには一軒の家に二本も立ててるところもある。暫定自治が始まって旗を立てられるようになって、見た目にも雰囲気が変わってきたのがわかりました。

✴ アラファト議長って、どんな人ですか？

アラファトは一九六九年からずっとPLO（パレスチナ解放機構）議長です。どうしてアラファトがずっと指導者をやってるのかを説明しましょう。

PLOという組織は、日本でいうと自民党みたいな組織です。派閥がいっぱいあるんですね。アラファトが率いている派閥（ファタハ）がPLOの中でも最大派閥なんです。どうしてアラファトが最大派閥を率いているかというと、要するに一番お金を持っているんです。

パレスチナ人の間で「どうしてパレスチナを失ってしまったんだろう」という反省の気持ちがあります。またアラブの社会全体でも「どうして我々はイスラエルに勝てないんだろう」という反省の気持ちがあります。アラブの人たちのたどり着いた結論というのは「やっぱり政治が遅れているからだ。社会が遅れているからだ。イスラエルを打ち破るためにはアラブの国を、政治を、社会を変えないといけない。そしてアラブ社会を団結させてイスラエルに当たれば、勝てないことはない」ということでした。アラブの統一という路線です。

政治を新しくする、社会を新しくするとなると、パレスチナを解放するためにはアラブ社会を改革しなければならない。ところが、そういう議論をすると、サウジアラビアやクウェートみたいな保守的な金持ち国家は、パレスチナ解放運動には協力できないわけです。お前たちみたいな古い王様がいるからアラブはいつまでたっても勝てないんだとか言われたら、辛いですよね。だからペルシア湾岸の王様たちは、パレスチナ人の解放運動にはあまり付き合ってこなかった。

ところがアラファトだけは「アラブ社会にはいろいろ問題はあるが、私はアラブ社会のほかの国の問題には口を出さないで、イスラエルとだけ戦います」と言ったんです。だからサウジアラビアやクウェートの王様たちは、アラファトだけにお金をくれたわけです。それでファタハが強くなり、アラファトが今までパレスチナの解放機構の中心人物として君臨してきたわけです。

もうひとつ、アラファトには日本語でいう金脈があります。というのは、第二次世界大戦後に、中東でものすごい石油ブームが起こります。それにつれて建設ラッシュが起こる。サウジアラビアやクウェートなどの産油国は、お金があるけど人がいないから、パレスチナ人を労働者としてたくさん受け入れました。最盛期はアラビア半島諸国の産油国で、全部で八〇万人のパレスチナ人が働いていたんですね。

クウェートやサウジアラビアはお金持ちだから、税金がないんですよ。でもパレスチナ人だけ税金を払ってたんです。クウェート政府やサウジアラビア政府に払うのではなく、稼ぎの五パーセントを解放税（＝解放のための税金）として、ＰＬＯのクウェート事務所やサウジアラビア事務所に納めていたんです。アラファトは事務所をおさえていて、その八〇万人の稼ぎの五パーセントをポケットに入れてたわけなんですね。だからアラファトは組織の維持ができて、パレスチナ解放運動を進められたわけです。

✷　どうしてイスラエルとパレスチナの交渉をオスロでやったのですか？

ひとつはノルウェーという国はＮＧＯがたくさんあって、パレスチナ人の支援と中東和平のためにずっと長いこと働いてきたんですね。だからイスラエルにとってもパレスチナにとってもノルウェーという国はわりとよく知っている国で、ノルウェーが「うちで内緒で交渉しないか」と言ったらその気になったんです。

普通ならこういう時、たいていスウェーデンが交渉場所になるんですけど、秘密交渉ですし、スウェーデンは注目されていますからよくないということで、ノルウェーが選ばれました。それでオスロ交渉がオスロ合意として実りました。その結果、パレスチナの暫定自治が動き始めたわけです。

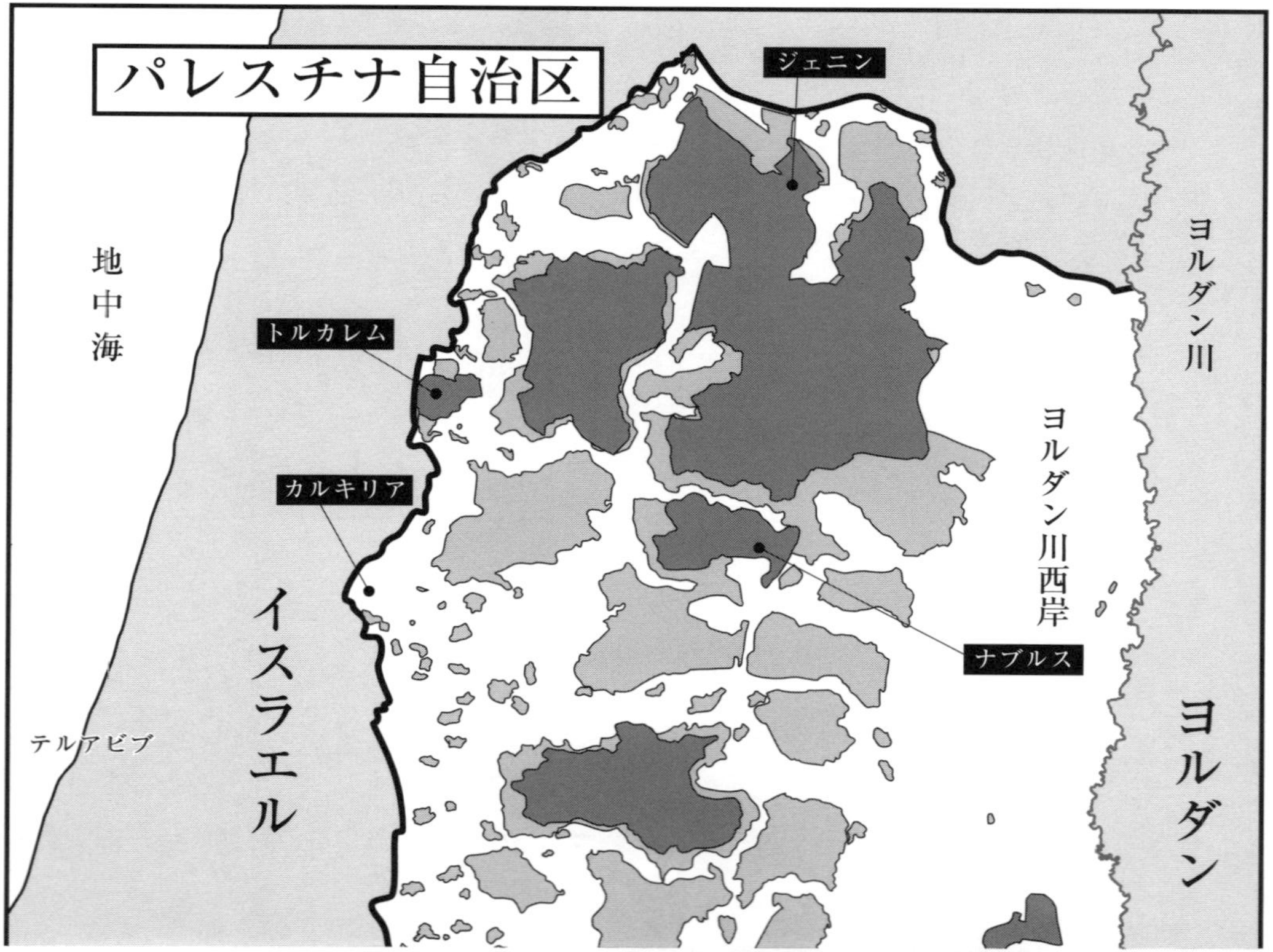
パレスチナ自治区
ジェニン
地中海
トルカレム
カルキリア
テルアビブ
イスラエル
ナブルス
ヨルダン川西岸
ヨルダン川
ヨルダン

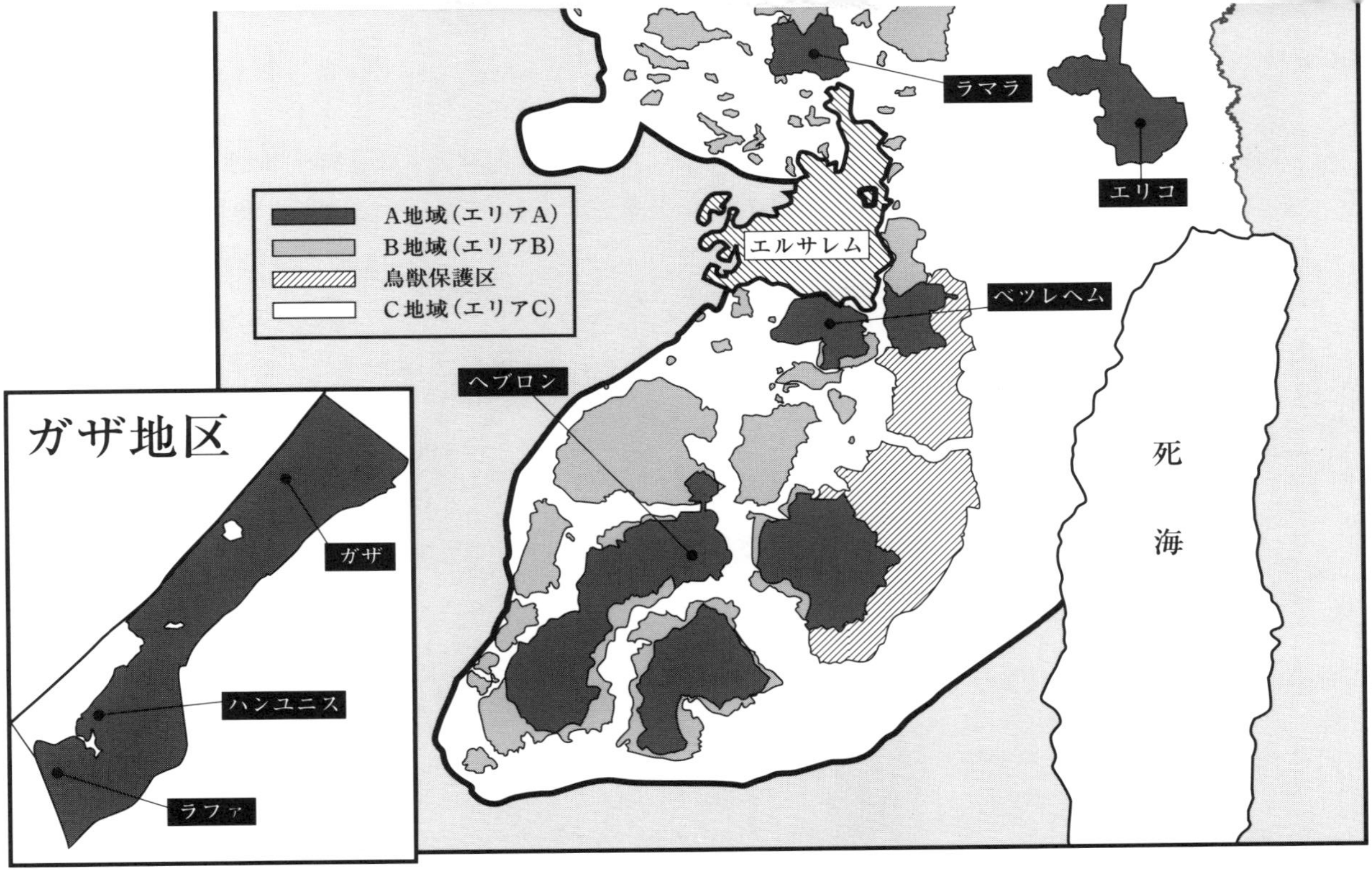
A地域（エリアA）
B地域（エリアB）
鳥獣保護区
C地域（エリアC）
ラマラ
エリコ
エルサレム
ベツレヘム
ヘブロン
死海
ガザ地区
ガザ
ハンユニス
ラファ

✴ 合意のあとは実際にどうなったのですか？

オスロ合意の実態は、一応ガザとエリコでパレスチナ自治が始まって、「その他のことはあとで話し合おう」ということでした。

歴史的な地理学上のパレスチナというのは、七八パーセントと二二パーセントに大体分けられます。七八パーセントがイスラエルの国際的に認められている領土で、あとの二二パーセントが我々が「占領地」と呼んでいる所です。その占領地の中で、今までパレスチナ人が返してもらったところは四〇パーセントしかないんです。その四〇パーセントもA地域（エリアA）とB地域（エリアB）に分かれてて、B地域はイスラエルとパレスチナの共同管理地域で、実質上はイスラエルが支配している。占領地の六〇パーセントはまだイスラエルが完全に支配しています（エリアC）。実際にパレスチナ人が支配している地域はA地域だけで、一八・二パーセントしかないわけなんですね。占領地の二割もない。ということは、もともとの歴史的なパレスチナを一〇〇パーセントとすると、パレスチナ人が受け取った地域は二二パーセントの中のさらに一八・二パーセント。実質は四パーセントちょっとしか戻ってきてないわけです。パレスチナ人の多くは、歴史的なパレスチナをパレスチナだと思っていて、納得できない気持ちが強いんです。

オスロ合意は和平交渉ですから、石を投げたり戦争をしたり、殺し合いをしてるよりははるかに良いんですけど、実はパレスチナ側にひどく不利な、条件の悪い合意だと私は見るんですね。二二パーセントはイスラエルの占領地で、占領というのは国際法違反じゃないですか。無条件に返さないといけないのに、全部返すのを前提にしてどういう時間割で返すかを交渉するのではなくて、二二パーセントのうちの何パーセントを返すか交渉しましょうというんです。パレスチナは国際法に違反しているイスラエルに二千歩くらい譲って交渉を始めたわけで、すごく不利な状況だったんです。

✴ どうしてこんな不利な交渉をアラファト議長は始めたのですか？

一つは冷戦が終わってソ連がなくなって、ソ連の衛星国だった東ヨーロッパ社会主義国もなくなった。それで、PLOを外交的・軍事的に支援してくれるスポンサーがいなくなったんです。これまではイスラエルの後ろにアメリカがいて、PLOの後ろにソ連と東欧諸国がいて、綱引きをやってたわけですが、PLOの後ろには誰もいなくなった。

それからもう一つは、アラファトは湾岸危機の時に、サダム・フセインに同情的だったんですね。クウェートやサウジアラビアの王様たちは激怒しました。パレスチナ人たちが困ってるときに支援を与えたじゃないか、それなのにあのアラファトは、恩知らずにもサダム・フセインに同情するなんて……と。だからアラファトに対してお金を出さなくなったんです。その上、クウェートにパレスチナ人が四〇万人いたんですけど、湾岸戦争のころ、全部追い出されてしまったんです。

ペルシア湾岸からの王様のお金も来ない、パレスチナ人の働いた五パーセントの税金も来ない。だからアラファトは経済的に行き詰まりました。

アラファトが生き残るためには何をするべきか、どこからお金を得るべきか。とにかく条件が悪くても、和平を始めてアメリカとヨーロッパと日本から「中東和平を支援して下さい」と言ってお金をもらうしか、生き残る手はないわけです。ラビンは、金がないアラファトの足元を見ています。条件が悪いのはわかっているけれど、仕方がない…ということで、アラファトは和平を受け入れたんですね。占領地で戦っていた人たちは「なんでこんな悪い条件をアラファトはのんだのか」って思ったでしょう。

✴ イスラエルの和平に対する考え方はどうだったんですか?

確かにイスラエルに有利な和平交渉が動き出したんですけど、イスラエルの中でも、土地を手放すことに対しては、やっぱり抵抗が大きい。「少しくらい土地を返したってイスラエルは絶対安全だから」「何パーセントしか返していないから」と言ってイスラエル国民を説得する役割の人が必要でした。それが誰だったかというと、ラビンなのです。

じゃあどうしてラビンに説得できるのかというと、その経歴が重いのです。ラビンは若いころから兵士で、イスラエル国家ができる前からシオニストのテロ組織のメンバーだったんです。イスラエルの成立宣言後は、そのままイスラエル軍に移ります。一九四八年の第一次中東戦争の時には武勇で有名になりました。そのように体を張って戦ってきて、その後、トントン拍子で出世して、一九六七年の第三次中東戦争時は、ラビンは参謀総長だった。この戦争はラビンが訓練したイスラエル軍が、六日間でアラブ側をノック・アウトした戦争史に残る大勝利です。ヨルダン川西岸地区やガザをイスラエルが占領しましたが、あの勝利の立役者はラビンだったんです。だからラビンはイスラエルの国民の間では「ミスター安全保障」です。ラビンだからイスラエル国民がついてきたという面があったんですね。

ところがそのラビンが暗殺され、その後継者になったペレスにはイスラエル国民を引っ張っていけなかった。それが、以後和平が全然動かないということにもつながってると思うんです。

✴ ラビンを暗殺した人は、どんな考え方だったのでしょう。

ラビンを撃った人は、パレスチナの土地は神様がユダヤ人に約束した土地で、ただ単に約束しただけでなく、実際にユダヤ人に下さったんだと信じてるわけです。神様は一九四八年に、まず「これでイスラエルの国を作りなさい」とパレスチナの七八パーセントを下さって、あと残り二二パーセントは一九六七年の戦争の時にイスラエルを勝たせてくれて下さったと。だからあの土地をユダヤ人が支配するのは「神の意思」だと思い込んでいる。神様が下さった土地をユダヤ人がパレスチナ人に返すのは許されない、と考えているわけです。

六七年の第三次中東戦争でイスラエルが勝ったのは、イスラエル軍の作戦や兵器や兵士が優れていて、エジプト軍が油断してたからだと我々は思うわけですけれど、彼らは「神様がメッセージを送ってくれている」と考えている。そのメッセージとは何かというと、六七年の戦争は六日間続いて、七日目にイスラエル軍は停戦したんですね。聖書の創世記には「神様は六日間で天地を創造されて七日目にお休みになった」と書いてある。神様の意思だから六日で終わったんだと彼らは考えた。神様の意思じゃなかったら五日で終わったかもしれないし、七日だったかもしれないと。

どうしてそんな神がかった人たちが出てきたかというと、ラビンが六七年の戦争にあまりにも見事に勝ったからです。ラビンがあれほど見事に勝たなかったら、イスラエル軍だって苦戦もすれば負けることもあるんだと思ったでしょう。でも六七年の戦争で圧倒的な勝ち方をしたから、「神様がついている」と思うわけですね。日本だって日清戦争に勝って日露戦争に勝って「日本は神の国だから絶対負けない」と思い込む人が出てきましたね。戦争に勝つというのは、長い眼で見てみると社会にとっては必ずしも健全ではない場合が多いようです。

✴ ラビン首相後の和平路線はどうなのでしょうか。

ペレスが和平路線を引き継いだのですが、ペレスに選挙で勝ったネタニヤフは「話し合う必要なんかない」というタカ派の考えです。ここで和平路線は一旦挫折してしまうのですが、そのあとのバラクはラビンの子飼いで、和平路線が復活します。

そこでアラファト議長に「これだけ土地を返すから入植地は残してくれ」とか取引案を出すのですが、結局アラファトに断られてしまってうまくいかなくなり、シャロンに交代してしまったわけです。

【Q&A】パレスチナの現状、そして和平への道は？

＊　とりあえずはバラクは和平路線だったのに、シャロンが首相になって状況はますます悪くなったんですね。第二次インティファーダの原因は、シャロンがイスラムのモスクに行ったことだと聞いていますが、シャロンはどうしてモスクへ行ったんですか？

シャロンがモスクへ行ったのは二〇〇〇年九月、首相になる前で野党の党首だったときです。エルサレムのハラム・アッシャリーフ（神殿の丘）にアル・アクサというモスクがあって、それはイスラム教徒にとっては聖地です。ユダヤ教徒など入れたくないというところです。なぜそこにシャロンが行ったかというと、彼の考えはエルサレムは全部ユダヤ人のものだから、たとえイスラムのモスクであってもユダヤ人には入る権利はあるんだということです。

でも、それは表向きの理由です。昨年の今ころはバラクが首相だったのですが、アラファト議長との間で和平交渉がそろそろまとまりかけていたときです。まとまったらバラクはそれを国民に提示して、国民の信を問うための総選挙をやることに決まっていたんです。シャロンはそのとき野党の党首でしたから、シャロンとバラクの一騎討ちというかたちでした。ところが世論調査をみると、シャロンの人気は今一つだったんです。野党内でも「シャロンで勝てるのか」という雰囲気が強かった。

そこでネタニヤフの名前が復活するんです。ところが、ネタニヤフには首相時代の汚職疑惑がかなりあったんです。もし疑惑がクロだったら彼は選挙に出られないわけですが、ちょうど二〇〇〇年の八月くらいに裁判所の判決が出て、疑惑は全部シロだということになりました。そうなりますと、野党ではネタニヤフ人気が盛り上がってきます。シャロンは選挙に出るためには、ここでぜひとも「自分のほうがタカ派のリーダーとしてふさわしい」というところを見せる必要があったわけです。そこで過激な方法を考えて、アル・アクサモスクへ行って、イスラム教徒を怒らせて、タカ派であることを誇示しようということになったのです。

ただ、一人で行ったらイスラム教徒に石を投げられて殺されるかもしれない。そこで護衛を千人連れて行きます。その護衛を出したのがバラクです。彼は選挙で闘うならネタニヤフよりシャロンのほうが組みやすいと考えました。そこでシャロンを持ち上げて、モスクへ行くのを許可して護衛を千人つけました。シャロンはここで紛争が起こって収まらなくなればバラクは負けるとみていました。事実そうなりました。ただ、シャロンは自分が首相になれば紛争を収められると思っていたのですが、そうはならなかった。それはシャロン自身の読み違いということです。

＊　パレスチナ難民は和平を支持しているのでしょうか。

オスロ合意の前から、イスラエルとパレスチナの間で長い長い話し合いが続けられていて、これを「和平プロセス」と言います。和平というと、新聞報道も「平和になってよかった」という雰囲気ですし、よかったと思っている人が大多数のような印象がありますが、実は疑問を持っていた人が多いように思います。

どういうことかといいますと、イスラエルがパレスチナと、パレスチナがイスラエルと交渉するということは、互いに相手を認め合うということです。パレスチナ側からみれば、少なくとも一九四八年にイスラエルができたときの状況は認めるということです。逆にイスラエル側からみれば、パレスチナ人の存在を認め、代表はＰＬＯだと認めるということです。

仮に今イスラエルが占領しているヨルダン川西岸地区、ガザ地区からイスラエル軍が全部撤退して、入植地もなくなって、そこにパレスチナ人の国家ができたとします。その地区に住んでいたパレスチナ人は故郷に帰ることができます。ところが、パレスチナの地の大部分を占めるイスラエルは、やはりイスラエルなわけですから、そこから追い出されたパレスチナ人難民はやはり帰れない。例えばイスラエル北部から追い出されて、今レバノンに住んでいる難民たちは、帰る場所がないわけです。もしアラファトがイスラエル側との交渉にサインしてしまったら、帰れない自分たちのことなんて忘れてしまうんじゃないだろうかと、彼らは心配します。アラファトは「いや、そうじゃない。イスラエルという国は認めるけど、その中にパレスチナ人が戻る権利は頑張って交渉する」と言うのですが、ヨルダン川西岸とガザに住んでいた人たち以外は見捨てられるのではないかと、本音では難民は不安に思っています。

逆にイスラエル側から見てみますと、今の人口は六百万人くらいです。一九五〇年代に出て行ったときの難民の人口がおよそ七五万人くらいですが、もし仮にその人たちがみんな帰ってきたとしたら、人口がいきなり一割増えてしまうわけです。それだけではなくて、パレスチナ難民がパレスチナを出てからもう五〇年です。難民キャンプに行くと皆さん驚かれると思います。キャンプというとテントに住んでいるようですが、五〇年も経っているんですから、みんなアパートのようなところに住んでいるんです。難民生活も五〇年経てばもう三世代目、四世代目に入っていますから、もう七五万人ではなく、五百万人という人口規模になっている。その人たちがみんな父祖の故郷に帰還したいと考えたらどうなりますか？　人口六百万人のところに五百万人が入り込んでくるなんて、想像もできない。イスラエルの人たちはみんな難民問題なんて、考えたくないんです。

難民問題というのは、パレスチナ問題の中で実は一番解決が難しい問題かもしれません。エルサレムの問題ももちろん重要です。エルサレムは一つしかないのにユダヤ教とイスラム教とキリスト教の聖地で、皆が欲しがっているわけですから。ただ、その件については、たとえばイスラム教徒の地区にはパレスチナ側の主権が及ぶとか、解決策が考えられるような気がするんです。でも難民問題は一番ひっかかる。例えばパレスチナ人と話し合おうと考えているイスラエル人でも、難民の帰還は支持できない。アラファトも難民問題に関してはイスラエルに譲歩させるのが難しい。難民キャンプの人たちはそれがよくわかっているから、アラファトの和平交渉に、いま一つ乗っていけないというわけです。

＊ 難民問題の解決の方法は本当にないのでしょうか?

イスラエル人はどこへ住んでいるのか見てみましょう。イスラエル人はやはりシティー・ボーイなんですね。エルサレムやテルアビブ、ハイファなどの都会に住んでいる人が多く、農村地帯に住んでいる人は少ないんです。帰還を主張するパレスチナ人は、「我々は元住んでいた村に帰るだけなんだ」と言います。何も都会の真ん中に何百万人も帰るわけではない。今人口が少ないところに帰るわけだから問題ない、やっていけるというのが、難民側の主張なわけです。

和平交渉の中ではどういう議論が行われていたかといいますと、パレスチナ側は「とりあえずパレスチナ人が故郷に帰る権利を認めてくれ」と主張しています。そうでないとアラファトもパレスチナ人の支持をとりつけられない。帰る権利はとりあえず認めさせて、帰る時期や何人帰るか、どこにどうやって帰るかということは改めてまた交渉しようという案を出しました。

ここで「帰る権利」ということで基本的な問題になるのは、「難民がどうして発生したか」ということです。パレスチナ側は「自分たちは追い出されたのだから、少なくとも帰る権利がある。もし帰らなくても補償をもらう権利がある」と主張しますが、イスラエル側は「勝手に出て行ったのだから帰る権利はない。今さら何を言っているんだ」と主張します。ここは歴史認識の問題になるわけです。

そこで出てきた案が「どうせ五百万人も帰れるわけがないのだから、パレスチナ人に補償金を払おう」ということです。しかし五百万人もの難民に仮に一人当り一万ドル払ったとしても、すごい額になります。イスラエルにもそんなお金はない。アラファトにもない。それで、アメリカとヨーロッパと日本がお金を出し合うという話になった。ところがパレスチナ人は、やはり故郷に帰りたい。お金をもらって父祖の家をあきらめる人は一人もいないわけです。そこでイスラエル側が妥協案として出したのは、何百万人も戻ってこられたら受け入れられないが、例えば三〇万人くらいなら大丈夫ではないか。イスラエルから出て行かないで留まったパレスチナ人が現在イスラエルの人口の一割くらいいるから、その親戚くらいいなら受け入れようという案でした。ところがパレスチナ側は「冗談じゃない」と。

二〇〇〇年七月、クリントン米大統領はキャンプ・デービッドでバラクとアラファトと交渉しているのですが、新聞報道では「エルサレムをどうするか」という記事ばかりですね。一番重要な難民問題は、はじめからまとまる見込みがなかったということです。難しい中でも、まだ手がつけやすいエルサレム問題を先に持ってきたというわけで、難民問題の解決の糸口はまだ見つかっていないということですね。

＊一緒に暮らせればいいのに……と思いますけど、難しいんですね。

例えば、パレスチナ人のラミさんはエルサレムに住んでいると言っていましたが、イスラエル市民権は持ってないんです。パレスチナの市民権もない。これはどういうことかと言いますと、ヨルダン川西岸地区とガザ地区というのは、イスラエルの占領地なんですね。でも、その中にあってエルサレムはイスラエルが併合して(国際法的には意味がないのですが)、イスラエルの法律上ではイスラエルの一部なんです。ということは、エルサレムの市民はみんなイスラエル市民権をとる権利がある。ラミさんもイスラエル市民権を取って、イスラエルのパスポートを持って、選挙権を得ることもできるわけです。イスラエルもそれを勧めています。

しかし、もしエルサレムに住むパレスチナ人がイスラエル市民権を取ってしまうと、イスラエルの支配を認めているということになってしまう。だからアラファトもイスラエル市民権を取らないように指示しているし、パレスチナ人たちも取ろうとしない。それでは、パレスチナ自治政府の市民権を取ってパスポートをもらえばいいかというと、もしそうしたら「パレスチナの市民権を持っているならエルサレムから出ていけ」とイスラエル側によって追い出される可能性がある。だからどちらも取らず、中ぶらりんで頑張るということになるのです。

エルサレムを含むヨルダン川西岸地区というのは、一九六七年の戦争まではヨルダンの支配していた地域だったんです。ヨルダンに住んでいるのは当然ヨルダン人ですが、実は人口の七割くらいはもともとのヨルダン人ではなく、パレスチナ人なんです。イスラエル人の中には、ヨルダンはもうパレスチナになっているんだから、パレスチナ人の国なんて作る必要がないという人もいます。

＊　イスラエルに住んでいるパレスチナ人は人口の一割くらいと聞きましたが、選挙権はまったくないのでしょうか。

イスラエルの総人口のうち、五百万人はユダヤ教徒ですが、他の百万人はパレスチナ人です。

つまりパレスチナ系のイスラエル人です。

彼らは選挙権を持っています。選挙でもつれた時に、彼らがどちらに投票するかで決まる場合もあるんです。例えば、ネタニヤフとペレスの選挙のときはすごい接戦でした。選挙権を持っているパレスチナ系イスラエル人を含むアラブ系市民は、基本的に和平に賛成なんです。パレスチナをいじめるほうに賛成はしたくない。しかしその時はペレスがレバノンのパレスチナ人難民キャンプを攻撃するという事件が起こって、パレスチナ系住民の票がペレスのために動かなかったんです。

イスラエルのユダヤ人の一部は、重要な問題を決める時には、ユダヤ人の多数を占めなければいけないと考えています。例えばイスラエルで投票をして五一対四九という場合はアラブ系市民の意向が反映していると思うわけです。

実際、アラブ系市民の数はだんだん増えています。「ゆりかごの復讐」と言う表現があるんですが、ユダヤ人よりアラブ系市民のほうが子だくさんなので、彼らの人口が増えているわけです。

シオニストが欲しかったものは三つある。一つはユダヤ人の国。二つ目はユダヤ人の聖地と彼らが考えるパレスチナ全域に国家をつくること。それから三つ目は「民主的な国家」をつくること。アメリカやイギリスやフランスみたいな、自由で民主的で法的に皆が平等な国が欲しかった。ところが現実に何が起こっているかといいますと、アラブ系市民は市民権はあるし投票権もあるけれども、やはり差別されている。

イスラエルは国民皆兵と言いましたが、アラブ系市民は信用されていませんから徴兵はされません。その上、占領地のパレスチナ人の三百万人を抱えたらどうなるか。もしパレスチナ全域に国家を打ち立てようと思ったら、ユダヤ性は薄まりますよね。その中でユダヤ性を保とうとしたらどうなるか。アパルトヘイトです。人種隔離をやるしかない。ですから、ユダヤ人国家で、パレスチナ全域を支配して、民主的な国という三つは並び立たないんです。ですから、占領地を手放して、今のイスラエルの領域だけで民主的な国家をつくるしかない、とラビンは思ったんですね。

でも、その三つが並び立つと考えている人もいる。その人たちは、パレスチナ人を全部ヨルダンに追放してしまえば、パレスチナ全域にユダヤ人だけの国家ができると考えているんです。それを「追放」とか「民族浄化」とかではなく、「トランスファー」と呼んでいます。ただし、それはイスラエルの多数派ではありません。イスラエル人の多くは、やはりリベラルな民主的国家であってほしいと望んでいるし、アメリカでイスラエルを支持しているユダヤ人たちもそう思っているはずです。

＊　二〇〇〇年九月にパレスチナが独立国家として宣言するという噂がずいぶん流れたそうですが、現在はどうなっているんでしょうか。

パレスチナ自治政府というものはありますが、独立国家として宣言するところまではまだ行ってないいんですね。実は一九八八年に、パレスチナ民族評議会が独立宣言をやっているんです。そのときは「独立宣言をやる」という意志を宣言したんです。

二〇〇〇年に、中東和平が最終段階に行って、それが終わったら独立宣言をするとアラファトは言っていました。当時のイスラエル国内にはパレスチナが独立国家になることに反対する意見がまだまだ強かったので、次の選挙で当時の首相で和平交渉を進めていたバラクに不利になるかもしれないという雰囲気がありました。それで国際社会もアラファトに「和平交渉が終わるまでちょっと待て」と言ってました。そこでアラファトは世界各国を回って「独立宣言は遅らせるが、そのかわりに何を援助してくれるのか」と交渉して歩いたんですね。

そこでアメリカが描いたシナリオは、アラファトが独立宣言を遅らせて、クリントンのもとでキャンプ・デービッドにアラファトとバラクを招いて、中東和平の最終合意が成る。それをバラクがイスラエルに持って帰って、選挙に打って出て勝つ。アラファトは、もうバラクが勝ったからいいということで、独立宣言をする…ということだったんです。

ところが和平交渉はまとまらず、バラクは選挙で負け、その上に第二次インティファーダが始まった。すごい大混乱で、独立という雰囲気ではなくなってしまいました。

現在のパレスチナ自治地域というのは、本当にバラバラなんです。ポツ、ポツとあって、つながっていないんです。例えればスイスチーズの穴のようなものです。少なくとも最終の和平合意では、そのバラバラな地域が一つに統合される。そうなってから独立を宣言すれば格好がつくだろうということだったんですが、今はそういう状況ではありません。交渉は止まったままです。

最後に指摘しておきたいのは、アラファトさんの年齢です。アラファトは一九二九年生まれですから、もうかなり歳です。亡くなる前に独立を宣言したいことでしょう。

Ⅲ ラミとケレン

イスラエルの占領地からの撤退をアピールする「ピースナイト」
船上ステージでラミとケレンは共演した

1　ピースナイト

つづいてゆくように
つながってゆくように
あなたの道も私の道もみんなの道も

海と私がつながっているように
空と私がつながっているように
あなたと私の道もつながっているように
心のつながる人と出会えますように

六月七日、夕闇のデッキではたくさんの人が、ゲストのミュージシャン・寿［kotobuki］が歌う『我ったーネット』を聞いていた。寿［kotobuki］は広島出身のボーカリストのナビィと、沖縄出身のギタリスト、ナーグシク・ヨシミツのユニット（沖縄に影響を受けながらもロック、ソウル、レゲエ、ワールドミュージックなどの要素を取り入れた幅広い音楽性を持っている)。

〝我った〟とは沖縄の方言で〝私たち〟の意味だという。「私たちのつながり」を意味するこの歌は、ピースボートが寄港を終えて港を出るとき、ほとんど毎回流されている、おなじみの曲でもあった。この歌の歌詞にあるように、イスラエルとパレスチナ、そして日本は、一つの空と海とでつながっている。しかし、人の心がつながることがいかに難しいか、そしていかに大切なことなのか、ラミやケレンを通じて誰もが感じていた。

その夜のイベントは「ピースナイト」と題されていた。一九七六年の同じ六月に、第三次中東戦争によってイスラエルがパレスチナ占領を開始した。イスラエルはその戦争で、広い領土を占領し、それと同時に多数のパレスチナ人が難民になった。国連はこれら占領地からの撤退を求めた決議を定めたものの、イスラエルは占領を続け、その状況は今も変わっていない。イスラエルの占領が、和平を大きく妨げているのは明らかだった。「ピースナイト」は、イスラエル軍の占領地からの撤退を、翌日のモルジブへの入港に際してアピールするためのイベントだった。

寿［kotobuki］の女性ボーカリストのナビィはラミとケレンが出会い、握手した話を聞いて感動していた。二人を見て、「政治家のレベルではもう紛争を止めることはできないかもしれないけど、民間のレベルでは止めることができるかもしれない」と思うことができたという。

そのナビィが二人を紹介した。「それでは紹介します。ケレン&ラミです!」

船上の屋外ステージに立ったイスラエルとパレスチナの若者を、スポットライトが照らした。ケレンがギターをかかえて、照れくさそうに挨拶した。歌うのは『シャローム・サラーム』という平和の歌だ。ケレンの脇では、ラミが太鼓を叩き始めた。イスラエルとパレスチナの二人の若者が奏でる平和の歌を、月が照らしている。ケレンとラミにあわせて良太も、モトユキも、ナビィも、みんなが歌っていた。空と海とが私たちとつながっているように、いつか人の心もつながることができる日を願って——。

翌日のモルジブでは、二人はそろって記者会見を行い、イスラエルの占領反対のアピールをした。その内容は地元の新聞に大きく取り上げられ、「モルジブも国際平和に貢献することができる」というタイトルで、二人の写真が掲載された。

「パレスチナの学生ラミ・ナセルディンは、『イスラエルによるパレスチナ占領の日にぶつけて、何かアピールをしたかった。今、パレスチナの人びとがどれだけ苦しんでいるかを言葉で表すのはたいへん難しい。食べ物も水も油もない地域だってあるんだ』と話す。

イスラエル人の平和活動家ケレン・アサフは、『国際社会は中東和平に関してもっと積極的な動きをみせる必要がある。モルジブのような小さい国にだって非常に重要な役割が果たせるんだから』と語った。どちらも、ピースボートに乗ったことで中東和平への新しい道が開けた、と話している」

記事にはこんなことも書かれていた。「ラミとケレンは姉と弟のように見えた」と。実際はケレンのほうが三つも年下なのに。落ち着きのないラミが年下に見えたのもわからなくもない。

2　ラミ・ナセルディン――パレスチナ人として生きて

※インティファーダ

ラミの今までの人生を語る企画も行われた。ラミはそこで、良太の言う「僕らが想像できないような苦しみ」を語っている。家族のことや結婚式のことなど、親しみやすい話題から始まった話は、次第に過酷な経験へと移っていった。

「私の少年時代の話なんですけど、第一次インティファーダ（一六ページ参照）の時の話をしたいと思います。私たちはイスラエル軍の圧制のためにもがき苦しんでいました。それは一九八七年から九三年まで六年間続きました」。

インティファーダ（アラビア語で「振り落とす」）は、石を投げるということだけではない。文字通りパレスチナ中を激しく揺さぶって、イスラエルの支配を振り払おうという意味だ。パレ

インティファーダの様子を伝える壁の落書き

スチナ人があらゆる意味で占領に対して「抵抗」を示すために、ストライキも行われる。インティファーダの間は毎日のようにストライキがあり、ほとんどの商店は朝の九時に開いて昼の一二時にはもう閉まっていた。学校も一か月のうち一週間くらいしか開校していなかったので、子どもたちは時間を持て余していた。

普段イスラエルから抑圧されている少年たちにとって、イスラエル兵に石を投げることは、「抵抗」という意味だけではなく、ある種の競争にもなっていた。少しでも前線で石を投げた者が、ちょっとした「ヒーロー」になれる。しかしそのゲームは、悲惨な結果を生んでいた。イスラエル兵は子どもだろうと容赦しない。多くの子どもたちが、撃たれて負傷し、死んでいった。

当時一四歳だったラミもまた、仲間の悪ガキたちとある計画を思いついた。ガキ大将のラミは言った。

「あいつらの鼻を明かしてやろうぜ！」。四人はちょっと学校をサボり、イスラエル兵の駐留しているチェックポイントに行った。すでに、何人かがイスラエル兵に石を投げていた。投石している少年を追っかけるために、兵士が車から出てきた。

「今だっ！」。ラミは無人となった車に、火炎瓶を投げつけた。抑圧のシンボルは、真っ赤に燃え上がった。そのとき彼は、日ごろの息苦しさから解放されて「やったやったとお祝いをしたような気分」を味わった。元気に飛び回る今のラミからも、当時の姿は容易に想像がつくが……。

※逮捕、そして拷問

しかし四八時間後、彼は地獄へと連行される。ラミの自宅にやってきた二〇人のイスラエル兵は、有無を言わさず彼を逮捕した。兵士たちはラミの父に「あなたの息子さんは一〇年、いやもしかしたら帰って来ないかもしれない」と言った。母は、ただ泣くことしかできなかった。

「私は顔を覆うマスクをつけられ、手と腕そして足をロープで縛られました。車に連行される途中の道で、彼らは私に殴る、蹴るの暴行を加えました。暴行は、警察署に連れて行くまで続けられました。その後、どこだかわからない場所に放り込まれました。そのとき私には、こだまする叫び声が聞こえただけでした。何をされるのかわからなくて、すごく怖かった。刑務所に入ったのははじめてでしたし、尋問や拷問でどういったことが行われるのか話では聞いたことがありましたが、経験したことはありませんでした」。

一四歳のラミは、自白するまでの三週間、拷問を受け続けた。

「そのとき私が受けた尋問のやり方を紹介します。警察官は最初、親しげに隣に座り、話しかけてきました。彼はビスケットをくれました。そして、喉が渇いてきたころ水を持ってきてくれたのですが、頭から水をかけられました。もう一杯持ってきて今度は地面にこぼしました。『水を飲みたいか』と聞かれ、もちろん『飲みたい』と答えると、だったら白状しろと言うのです。実行犯であることを認めると一生刑務所から出られないと思っていた私は、『何を白状しなくちゃいけないんですか?』と聞き返しました。すると警察官は、すごくナーバスになって他の二人を呼んで、私を殴り始めました。幸運なことに――まあ残念なことなのかもしれませんが――長い間殴られ続けると、最初は痛いんですがだんだん痛みを感じなくなりました。

その後彼らは私を、私の体と同じぐらいのサイズの、小さなロッカーみたいな部屋に押し込みました。もし何かが欲しければその部屋の壁をたたいて、誰かを呼ぶしかありませんでした。トイレに行きたいと言うと、「そこでやれ」と言われました。何か食べたいと言うと、そのドアの隙間から、スプーンで投げつけられるように食べ物を与えられました。結局このときは、何も食べることができませんでした。これが一週間続きました。……

その後刑務所に入れられました。その日の夜に二〇人くらいの人が自分の部屋に来て私に暴行を始めました。最初に私の服を全部脱がせました。暴行されてから大きな部屋に一人で置き去りにされました。ドアの窓は開けっ放しです。そして私は、アラビア語で〝サレ〟と言う拷問を受けました。それは、天井からロープが吊ってあって、そこに手首をしばられて宙ぶらりんにぶら下げられるということです」

実行犯の罪の重さを恐れていたラミも、疲れ果ててとうとう自白するときがきた。

「警官は、カフィア（パレスチナの伝統的な布で、おしゃれのために羽織ったり顔を隠すために巻いたりする）をかけた青年が車に火炎瓶を投げている写真を私に見せて、『これはお前だ。これが証拠だ』と言いました。そこに写っていたのは私ではなかったので否定すると、彼はカフィアを私の上にかぶせ、『ほら見ろ、これはお前だ』と言いました。私は疲れ果てていたので、白状することにしました。警察官は自白書を持ってきて、『これにサインしろ』と言いました。しかしその書類は全てヘブライ語で書いてあったので、私には読めません。『こんな読めないものには、サインできない』と言うと、『それではこの内容を説明してあげよう』と言ったかと思ったら、彼は私の頭を引っ張りテーブルにバーンと叩きつけました。そうして私はサインしたのです。

自白書にサインしてから裁判が三か月続きました。その間は牢屋と裁判所まで行ったり来たりの生活だったんですが、とても辛かったです。手を縛られていて自由に身動きが取れない状態になっている上、家族が来てくれて私に会いたがっていたのに、会わせてくれなくって……その上、泣いてる母親をイスラエルの兵士たちは叩いたり押したりしていました。悔しかったです。

この間に『スパイになれ』と言われて暴行されたこともあります。『俺たちと働け』と彼らは迫ってきました。そして『お前はここを出てもどうせ仕事はないんだ』と圧力をかけるんです。彼らは私の敵なので、もちろん断りましたが、スパイになれと強要された人は、他にもたくさんいます。実際にイスラエルのスパイになっていく者もいます」。

裁判所の判決は懲役三年の実刑だった。それでもラミは当時一四歳だったので、まだ不幸中の幸いだったと言う。一六歳以上だったら五年間の刑が出るはずだったからだ。

その後、専属の弁護士が裁判所にかけあって、一般刑務所から少年院に移ったラミの状況は好転する。少年院で彼は、パレスチナの歴史や政治、労働についてなどを他の少年から学んだ。

ラミがここで得たもので一番大きかったのは、はじめてパレスチナの歴史を学んだことだった。パレスチナで独自の歴史が教えられるようになったのは、一九九三年に暫定自治政府ができてからだ。それまでヨルダン川西岸のパレスチナ人は、ヨルダンの教科書を使って、ヨルダンの歴史を学んでいた。ヨルダン川西岸は、一九四八年から六七年までヨルダン領で、六七年のイスラエル占領後も、パレスチナ人の学校に支給されるアラブの教科書は、ヨルダンのものだった。ラミの世代までは、パレスチナ人は自分たちの歴史を学ぶことさえできなかった。それだけではなく、インティファーダ開始後は学校の閉鎖が相次いで、きちんとした教育がなされなかった世代でもある。だから、パレスチナ独自の歴史を知ったときの衝撃は大きかったに違いない。

※決して特殊ではないラミの体験

少年院に入って一年くらいたったラミに、PLOからある要請が届いた。彼を少年院の青年リーダーにしたいということだった。リーダーの役割は、刑務所の中でのスパイのチェック、刑務所でパレスチナ人がひどい状態に置かれていないか、などを報告することである。彼は刑務所の中にいながらにしてPLOと連絡をとる方法や、「スパイを見抜く眼」も習得することになる。

彼は結局、少年院から二年間で出所することができた。その後、大学に入る一方で少年院で一緒に過ごした仲間たちと「パレスチニアン・ビジョン」というNGOを結成。現在パレスチナに六〇〇〇人のメンバーを抱えている。そこでボランティア活動、コミュニケーション、紛争への対処について教えてきた。しかし、何といっても一番大きな活動は、世界の国々に「パレスチナ人がテロリストではない」ということをわかってもらうことである。ラミは話す機会があると、パレスチナの文化や生活など、「みんな同じ人間なのだ」ということを中心に話をしている。

警察や軍にひどい暴行を受けたラミは今も「イスラエルに対して激しい憎しみを感じている」。しかし暴力でその不正に立ち向かうことは否定している。

「現在、第二次インティファーダが始まっていますが、もう私はそのリーダーとしてそういう戦いには参加したりしません。私は別の方法で参加します。私は参加する方法として他の人たちとパレスチナの問題について話をする方法を選びます」。

拷問の話のとき、会場は沈痛なムードとなった。もちろんラミが火炎瓶を投げた行為がいいと思っているわけではないが、なぜ子ども相手にイスラエルが残虐な行為を行うのか、理解できない者も多かった。この企画でも聞き役となっていた森本良太はこう思っていた。

「こんなことはじめて聞いた。ぼくと同じ年代で、どこにでもいそうな普通のやつなのに、住んでるところがパレスチナだっていうだけで、何でこんな目に会わなくちゃいけないんだ」。

ところがパレスチナで深刻なのは、ラミのような経験をしている青年が、決して特殊ではないということだ。多くのパレスチナ人男性は逮捕、抑留、拷問の経験がある。実行犯はもちろんだが、家族や友だちも疑わしいというだけで逮捕され、拷問にかけられた人がたくさんいる。

ラミの場合は、本人が言うように、まだ幸運な方だとさえいえる。イスラム教徒があこがれる聖地エルサレムに住み、お金もある程度は持っていたラミの家族は弁護士を雇うこともできた。しかし、例えばパレスチナ自治区となっているガザ地区の困難な状況は、生活にしても人権侵害にしてもエルサレムよりはるかにひどい。ガザは世界で最も人口密度の高い場所である。ガザでは産業がなく、ほとんどの人はイスラエルに出稼ぎに行かざるをえない。しかし、何か事件が起こるたびに「テロリストのチェック」という理由で出入口は完全に封鎖され、ガザはそのまま〝巨大な監獄〟となる。そしてそのたびに、やっと職を見つけた彼らはまた失業する。

そんなイスラエルの強硬なやり方に、日々反感をつのらせる者は多い。そういったことが若者たちを、武力による「パレスチナ全土の解放」をかかげる過激派組織に走らせ、絶望的な自爆テロへと駆り立てていくのである。

※欲しいものは「国籍」

質問コーナーで「あなたの夢は何ですか?」と聞かれたラミはこう答えた。

「パレスチナが独立すること。そして、国籍が欲しい」。

「独立」はともかく、ラミが「夢は国籍」と語ったことは、そんなことを考えたこともない多くの参加者にとって衝撃だった。私たち日本人はさしたる苦労もせずに簡単に国境を越えることができる。しかし彼らにとって外国に行くということは、二度と故郷に戻れなくなる危険をともなう冒険でもある。

「私はエルサレムに住んでいますが国籍がありません。イスラエル人でもパレスチナ人でもないのです」。

ラミはエルサレムに住んでいるので、エルサレムの身分証明書は持っている。しかしこれは、エルサレムに住んでいることを証明するだけのもので、記載されているのは、彼がアラブ人だということだった。そしてそれを持っていることはイスラエル国籍もパレスチナ国籍もないということの証明でもあった。証明書とパレスチナのパスポートを二つ持つことはできないという。ラミはパレスチナ人としてのパスポートを取ることを選ぶこともできるけれど、その場合エルサレムの証明書は持つことができない。つまりエルサレムを出て、ガザ地区かヨルダン川西岸に住まなければならなくなるというわけだ。エルサレムから出ることなしに暮らしていきたいラミたちには、イスラエル国籍をとるという選択肢もあった。しかしそれはパレスチナに対するイスラエルの占領を認めることになってしまう。それだけは許せなかった。だから中途半端な状態でエルサレムにとどまっているのである。では、彼は今〝何人〟であるとされているのだろうか。

「パレスチナ人としての国籍はすごく欲しいんですが、今のところ手に入らない状況です。私は書類上は〝ヨルダン人〟です。どこの国に旅行をした場合でも『自分はヨルダン人だ』と言わなくてはいけないのです。そうすることで、私はヨルダン経由ならどんな国に行くことも出来ます。ただイスラエルから直接外国に出ることは出来ません。というのは、私は一度牢屋に入ったことがある『危険人物』だからです」。

ヨーロッパで迫害されたユダヤ人は、必死に「自分たちの国」を求めた。そしてユダヤ教の聖地パレスチナに自分たちの国をつくるという「シオニズム運動」を始めたとき、運動のスローガンは「国なき民に、民なき土地を」だった。しかし実際にはそこにはたくさんの「民」が住んでいた。「国なき民」のユダヤ人に「国」が与えられた代わりに、彼らによって追い出されたパレスチナ人が新たな「国なき民」になって、別の問題がつくりだされることになった。

3　ケレン・アサフの苦悩

※イスラエル人はどこへ行ってもイスラエル人

ケレンは、ラミやクロアチア人のエマと一緒に行動することが多くなった。それと同時に、彼女はこれまで感じたことのないとまどいを感じることもあった。彼女にはいつも「イスラエル人」というレッテルがついてまわったのである。

ケレンはいつものように三人で、ケニアの港町モンバサを歩いていた。ラミは道で会う人たちに、「自分はパレスチナ人だ」「イスラム教徒だ」などとアラビア語で挨拶している。街中のイスラム教の人たちは、誰もがパレスチナの問題についてよく知っていた。そしてみんなパレスチナ人に対して兄弟のような親しみを持っている。「ラミは、モンバサの街ははじめて来たはずなのに、まるで自分の町を歩いているかのようだった」とケレンは感じた。

ラミが「パレスチナ人だ」と言って彼らと友だちになった後、いつもケレンに番がまわってくる。そしてケレンが「自分はイスラエルの出身だ」と言ったとたん、彼らはサッと引いてしまう。まるで見えない壁ができるかのように。そうして彼女には、敵意と疑いの目が向けられた。

「イスラエル人はどこへ行っても、イスラエル人。抑圧者で、占領者で、弱いパレスチナ人をいじめている強い側の人たち。私はそんな政府と同じ意見じゃない。むしろ政府の行動にいつも反対してきた。でも、どんなに平和活動や人権運動をしていても、イスラエル人というだけで、何の意味もなくなる。運動をしていることなんて、重要じゃないということらしい」。

ケレンはこの船旅で、どこに行ってもたった一人のイスラエル人だった。彼女はこれまで旅行に行くときも、イスラエル人のグループの一員として行った。自分一人が、国家のしていることの責任を背負わされてしまうような、この種の扱いを受けたのははじめてだった。その境遇はまるで「イスラエルに住むパレスチナ人」のようだったと言う。すなわち、彼女が唯一そこでできたのは「自分が誰であるかを隠すこと」だったのである。

だからこそケレンは、「イスラエル人はみんな同じ」「アラブ人はみんな同じ」といった偏見を変えてゆく努力をしていかなければ、と感じていた。

※平和運動家は「テロリストの仲間」

ケレンがとまどいを感じたのは、寄港地だけではなかった。ラミたちパレスチナ人がイスラエル人は全て敵だと思っているように、イスラエルではパレスチナ人＝テロリストという構図がまかり通っている。敵意の連鎖の中でほとんどの人はそう信じ込まされているという。そんな中で、パレスチナ人の存在を認め、共存しようとアピールするケレンたちの活動は「テロリストの仲間」として憎悪の対象とさえなってしまう。イスラエル市民にとっての〝平和〟とは「自分たちユダヤ人」が安全に暮らせることであり、爆弾テロのない日常である。パレスチナ人の生活の状態などが話題に上ることはない。

一九九三年、パレスチナ人による自治開始を定めたオスロ合意がなされたとき、イスラエル市民はこう思った。「パレスチナ人の望むものは全部与えた。もうこれで問題は解決したんだ。これで平和になる」と。しかしパレスチナ人からすれば、合意で得たものは何もないに等しかった。確かに合意が発足した直後は、喜んだ人は多かった。「これで独立への道に進んでいける！」そう思ったからだ。しかし、イスラエルによる圧政は続き、人びとは相変わらず閉塞した状況の中で暮らさなければならなかった。入植地の建設も、依然として続いていた。

ラミは言う。「オスロ合意の後、私たちは彼らの出してきた条件を全部のみました。すべてのんだ私たちに対して彼らが与えたくれたものは一つもありませんでした。一つもです。そしてあまりに何も与えられなかった私たちが、絶望にかられて石を投げました。するとイスラエル人は、

『パレスチナ人は怖い』と言います。私たちに何ができるのでしょうか」。

二〇〇〇年九月から第二次インティファーダが始まり、続いてパレスチナ側の自爆テロが始まった。イスラエル市民は、パレスチナ人がオスロ合意で何も得ることができなかったなどとは夢にも思っていなかったので、大きなショックを受け、混乱した。「私たちは平和を提供したのに、なぜ彼らは私たちを攻撃してばかりいるのか」。そして多くの人はこう思った。「パレスチナ人は多くを望みすぎる」と。そんな中、ケレンたち平和活動家への批判や圧力は確実に高まった。

「イスラエルの人たちは何も知りません。この間の首相選挙ですが、ほとんどの人は投票に行きませんでした。誰に投票していいかわからなかったからです。バラクが首相のときに、インティファーダが始まりました。だからバラクは支持できないと思っていましたが、シャロンも政治家としてあまりいい評判はありませんでした。だから、パレスチナで何がどうなっているかよく理解していない人たちは、ただ座って投票に行かずじっとしていました。声をあげて活動している人は右翼の人たちという現状です。そのために右翼から強い支持を集めたシャロンは当選してしまい、さらに状況は悪化しました」。

ケレンは「なぜイスラエルの人びとはそこまでパレスチナ人の思いに鈍感だったのか」という質問にこう答えている。

「いくつか原因がありますが、その一つとして、イスラエルの政府やメディアが本当のことを伝えないことがあります。二つ目に、真実があまり美しいものではない、見たくないものですから、人びとがあまり見ないようにしていることです」。

薄々気づいていたとしても、自分たちだけのことを考えて見て見ぬフリをする人びと。ケレンは、イスラエルの人びとがこの問題を正面から見つめるようになるためには、国際社会が圧力をかけるしかないと考えている。

良太はケレンの講座でも司会を務めた。彼のケレンに対する思いは時と共に変化している。「ラミは、イスラエルにひどいことをされているのに、平和を目指して頑張っているんだと思っていた。でもケレンは、ひどいことをしている側の人間が、それをやめさせるよう行動するのは当然だと思っていた。時折ケレンが辛そうな表情をするのを見ると、その意味を知ろうとせず、ラミの方が辛い思いをしているのにと勝手に思い込んでいた。それは大きな間違いだった。

イスラエルでケレンのように和平を求めている人たちは本当に少数派で、その声をあげていることすら大多数のイスラエル人にとっておかしな行為と思われている。パレスチナからは敵だと思われ、イスラエルからはバカなやつと思われ、共存を求める声はどちらにも届かない。ケレンはそんな苦悩をかかえているのだと知った時、彼女のような考えの人がいなくなれば、共存など口にできないくらい、平和は遠い未来の話になるだろうと感じるようになった」。

※不信と憎悪の中で

ラミとケレンは多くの場面で自分の体験や紛争の問題点を語り、時には異なるお互いの認識をぶつけあった。ある講座で、二人は一本のビデオを取り上げた。

――パレスチナの爆弾テロによって殺されたイスラエルの少女が、実は平和共存を願っていた。彼女の両親は、少女が生前書いていた詩を発見してそのことを知る。両親はもともとは反パレスチナだったのに考えを変え始め、同じように子どもをイスラエル側に殺されたパレスチナ人の親たちと会って対話を始めていく――「平和共存」を考えるためによい教材に思えた。

ところが、ラミはそのビデオを徹底的に批判した。パレスチナの人びとには、自分たちが置かれている実情が国際社会に全く理解されていないという苛立ちがある。彼にとっては、主役がイスラエルの少女だったこと自体が不満だった。彼の発言には、何度も「パレスチナ人の方がもっと被害を受けている」という言葉が登場した。

「もちろんイスラエル人の子どもたちが亡くなってしまうことは可哀想なことだと思います。申し訳ないと思っています。しかし同じようなことはパレスチナ人にも起こっています。そしてパレスチナ人はもっと苦しんでいます!」

ビデオには、平和を求めるイスラエルのNGOのデモがとりあげられていた。ラミはそれも「NGOの資金集めや支援を受けるためのプロパガンダ」と言った。しかし運動家たちは、通行人に「恥さらし！」と言葉を吐きかけられても、平和共存のアピールを続けていた。ラミは、直接に信頼関係をつくってきたケレンは認めたものの、彼女の他にも平和のために闘っているイスラエル人がいることを信用していなかった。ずっと騙され、裏切られてきたパレスチナ人の立場に立てば、そう簡単に認識を変えることは難しい。しかしケレンは国内の平和運動への反発についてよく知っていたので、ラミに自分たちの闘いを知ってもらうチャンスだと思っていた。

「今皆さんがご覧になったビデオの中の人たちは、私の知り合いです。私は彼らと働いています。こういったデモをすると、必ず暴力が発生します。けんかがあったり暴行されたり、やじをとばされたり、時には殺されることだってあるんです！」

ケレンは、パレスチナ人の苦しみを認めた上で、イスラエルの中でも必死に平和のために闘おうと、もがいている人間がいることを伝えようとした。

「もしかしたらこのビデオは、ラミの言うように少し偏っているかも知れませんが、少なくともここに出てくる家族は両側から物事を判断しようとしていました。双方の痛みを理解しようとしていました。そして少なくとも本当に平和を求めたのではないかと考えています。パレスチナ人側の苦しみを私は理解できると思っています。でもイスラエル人側にも苦しみがあるんです。政治家が決定を下して、一番被害を被るのは市民なのです。もし市民同士が双方の苦しみを理解できれば、その時にはじめて解決策が見出せるのではないかと思います」。

お互いの苦しみ、痛みを理解して解決策を見つけ出すことの大切さと難しさ、そして、イスラエル国内のパレスチナ人への不信感がどれほど深刻なものなのか、ケレンは自分自身の今の状況からも痛感していた。

双方に不信と憎悪が渦巻いているこのような状況下で、どうやって平和を築いてゆくのか……。二人の、いや私たちの課題は、イスラエル・パレスチナに近づけば近づくほど深まっていった。

4 ディヘイシャ難民キャンプの日本人

※難民キャンプのしらべさん

パレスチナ訪問まであと五日と迫っていた船内に、頼もしいゲストが合流していた。山田しらべさん。パレスチナの難民キャンプで活動する元気なお姉さんだ。

アメリカのNGOであるミドルイースト・チルドレン・ザ・アライアンスに所属している彼女は、ヨルダン川西岸地区のディヘイシャという難民キャンプに派遣されて、子どもたちへの教育活動などを支援する仕事をしている。今回ピースボートのパレスチナ訪問団は、しらべさんのコーディネートでそのディヘイシャ難民キャンプを訪問する予定になっていた。

難民キャンプの説明をする山田しらべさん

しらべさんは一九九〇年にアメリカの大学に留学した。普通の女子大生だった彼女は、アメリカで国際関係の勉強を始めてから、国際政治や人権に関わる仕事をしたいと考えるようになった。卒業と同時にサンフランシスコにあるグローバルエクスチェンジというNGOに就職。スタディーツアーを企画する部署に入った彼女がはじめて企画したツアーが、パレスチナ訪問だった。

なぜパレスチナだったのか。本人がその経緯について話してくれた。

「中東問題というのは、アメリカの報道だけを見ていると、すごく間違ったイメージを受けてしまうんですよ。パレスチナ人が悪者でテロリスト、そういうイメージです。アメリカでは対外援助の総額の三分の一が、毎年イスラエルだけに使われているという事実があります。イスラエルが国際法を無視したり、国連のさまざまな決議を無視してやりたい放題やっているのも、全部アメリカのバックアップがあるからなんですね。

そこでアメリカ市民に、自分たちの政府がどのようなことをしているのか、自分のお金がどう使われているのか、ということを知ってもらうため、パレスチナを見てもらおうというのがツアーの目的でした。今から思うと、安易な考えでパレスチナツアーを企画し、ツアーリーダーとして行き始めたんです。でも行ってみると、あまりにひどい状況にビックリしてしまって……。

それと同時に、ツアーを繰り返していくうちに、いろんな家族の方たちを知るようになって、表面だけではわからないことがたくさんあることを知りました。人びとの暮らしのレベルで、政治がどういった痛みとか苦しみを生み出しているかということを、もっとちゃんと勉強したいと思って、去年パレスチナに来たんです」。

しらべさんは「私、興奮すると早口になってしまうので、早いなぁと思ったらアラビア語で『シュワイシュワイ』なんですけど、『ゆっくりゆっくり』と言ってくださいね」と言いながら、パレスチナ難民の歴史と現状を話し始めた。やっぱり話しだすと、早口になっていった。

※難民の生活

一九四八年に第一次中東戦争が始まったとき、当時は農耕社会だったパレスチナ人たちの暮ら

1948年当時のＵＮ（国連）のマークの入ったテントを描いた壁の落書き

しはのんびりしたものだったが、パレスチナの地に入植してきたユダヤ人移民たちは、建国するためにすごい意気込みで入ってきたので、はじめから格差ははっきりしていたという。

パレスチナの人びとは自分たちではどうしたらいいかわからなかったそうだ。目の前で自分の家族を殺された人たちがその話をしたので、皆でパニックになって逃げたとか、直接空爆や戦車による破壊にさらされて裸足で逃げてきたという人たちが多い。行きついた先のディヘイシャでは、国際赤十字がテント村を設置して医療の手当てをしたり食料を援助していたが、赤十字も難民は一時的なもので、すぐ故郷に戻れるだろうと考えていた。

しかしその後イスラエルが建国され、国連もその存在を認めてしまい、既成事実が作られていって難民が帰れるチャンスがどんどん減ってしまった。難民のほとんどは農民だったので、農業をすることしかできなかったのに、土地を奪われてしまったため、援助に頼らざるをえない厳しい生活を強いられることになる。

難民が帰ることができない理由は、イスラエルの建国の理念となった「シオニズム」という考え方と深く関わっている。シオニズムとは、簡潔にいえば「ユダヤ人のためだけの国家を作る」という理念だ。それはつまり、パレスチナ人を排除するという政策につながっている。パレスチナ人は、隔離され、管理され、決してユダヤ人と混じることがないように配慮されている。

しかもイスラエルができた後、パレスチナ人が住んでいた村々は破壊され、その上にイスラエルの町ができてしまったため、物理的にもパレスチナ人が帰る場所はなくなってしまった。難民となった人びとのほとんどは、ガザ地区とヨルダン川西岸及び、エジプト、ヨルダン、シリア、レバノンといった周辺の国々で、国連が運営する難民キャンプに収容された。ユダヤ人が流浪の民でなくなるために作った国のおかげで、今度はパレスチナ人が流浪の民になったのである。

ディヘイシャ難民キャンプは、ヨルダン川西岸の南部、ベツレヘムというキリストが生まれたとされている町の近くにある。現在、ヨルダン川西岸には全部で一八か所、ガザ地区には八か所の難民キャンプがあり、ヨルダン川西岸地区の人口の約四〇パーセントが、ガザ地区は人口の約八〇パーセントが難民であるとされている。

ディヘイシャの人たちは、西エルサレムからガザ地区にかけて点在していた、全部で四六か所の村々から逃げて来た。彼らの故郷の村々は、例外なく全て破壊されてしまっている。

一九六七年には六日間戦争（第三次中東戦争）が起こった。それに勝ったイスラエルがエジプトからガザ地区を、ヨルダンからヨルダン川西岸を奪い取り、占領が始まった。その戦争のときディヘイシャの難民の四分の一から三分の一の人が、空爆を避けるためにヨルダンに逃げて、二回目の難民になったという。そのとき家族が散り散りになってしまった人も多く、いまディヘイシャに住んでいる子どもたちの家族や親戚も、そのときヨルダンに逃げたままの人が少なくない。さらにヨルダンからシリアやレバノンに移り住んだ人もいる。

山田しらべさんの知っている家族には、両親はディヘイシャにいて、西岸の他の難民キャンプにおじいちゃんとおばあちゃんと叔父さんがいて、シリアにもおじいちゃんとおばあちゃんがいるなど、一族が五〇年間全然顔を合わせていない家族がたくさんあるという。

占領はディヘイシャの生活を一変させた。もともとシェルターのなかで暮らすという苦しい生活ではあったが、さらに全ての生活が軍のコントロール下に置かれてしまった。銃を構えた兵士は、いつもジープでパレスチナ人たちの周りを回っていて、何か気に食わないところがあると撃たれたり殴られたりした。言論の自由もなかった。パレスチナの独立や難民の権利について言うだけで投獄されてしまった。キャンプ内の生活は困難を極め、怒りと絶望感が充満していた。難民は貧しくて故郷に帰ることもできず、そのうえイスラエルの軍隊が入ってきて仲間たちが殺された。そして一九八七年から、ついに抵抗（インティファーダ）が始まる。どこの国でも一番苦しめられている人たちの所から闘いが始まるといわれているが、その通りかもしれない。

しらべさんは、投獄された自分の友人について話している。

「キャンプに住んでいる三〇歳以上の男性で、牢屋に入ったことがないという人はまれですね。ほとんどの人は何らかの形でイスラエルに抵抗をしたために牢屋に入れられていました。抵抗というとみなさんはテロみたいなことを想像すると思うんですけど、子どもが石を投げるとか、イスラエル政府に納税を拒否したり、イスラエル製の商品をボイコットするのも抵抗です。

それに対してイスラエルの処罰がものすごく厳しいんですよ。例えば私の友だちで、一一歳の時にイスラエル軍がたくさん来たので何とかしたいと思った子がいました。彼は道路のゴミ捨て場に大きなカンがあったのを見つけて、それを道の真中に持っていってジープが入ってくるのを防ごうとしたんですね。一一歳の小さい子ですから、それが精一杯の抵抗だったんですけど、そこを兵士に見つかって、捕えられて牢屋に二〇日間入れられてしまいました。

他にも一四歳の時に、キャンプに入ってきたイスラエル軍に石を投げ、一八歳まで四年間牢屋に入れられた子もいます。家の中に催涙弾を投げ込まれて有毒ガスを吸い込んだお母さんが流産したり、赤ちゃんが障害を持って生まれてきた……といった話が本当にたくさんあるんです」。

※アパルトヘイト

しらべさんが特にとりあげているのは、パレスチナでは子どもたちが、日本やアメリカからは想像もつかない子ども時代を送っているという点だった。

「ついこの間までイスラエル兵が家に突然入ってきて、お父さんやおじいさんを連行したり、家具を全部ぶち壊して『お前の兄は何処にいるんだ。あいつはブラックリストに載っているんだぞ！』と銃で脅したりするようなことが、日常的に行われていたんです。私の子ども時代を振り返ると、テレビを見たり、学校に行ったり、明日は何を着ようか、そんなことしか考えていなかったような気がします。でもその時、パレスチナの子どもたちは石を投げて牢屋に入れられたり、お兄さんが殺されたり、そういう中で暮らしていたわけです。それから、難民キャンプの中は非常に立て込んでいて、ほとんどスペースがないんですね。食べていくのが精一杯という暮らしをしている時に、子どもの遊び場のために公園を作ろうとか、そんなスペースも心のゆとりもないし、とても手が回らない。子どもたちが当然持っているはずの子どもとしての権利、子どもとしての生活を、彼らは全く持っていない。それがパレスチナの子どもたちなんです」。

そんな状況を少しでも改善するために、キャンプの住民たちは「イブダ文化センター」を設立した。彼女の働くNGOはこのセンターの運営資金を確保するなどの支援活動を行っている。センターは、子どもたちに子どもらしい時間と空間を与え、健全な社会を作っていくために、子ど

イブダ文化センターの新館

ものころからきちんと教育していくという目的で運営されている。活動内容は幼稚園、図書館、コンピュータールーム、絵画教室や英語などの外国語のクラスなど、幅広い。

　しらべさんは、パレスチナ人が置かれている状況を、南アフリカのかつてのアパルトヘイト（人種隔離政策）にそっくりだと言う。パレスチナ人は名ばかりの『自治区』に閉じ込められた上、軍による支配のもと、人の移動や経済の開発もままならない。世界中のユダヤ人にイスラエルへの「帰還」が保証され、イスラエルに来ればその日に市民権が発行されるのに対し、追い出されたパレスチナ人は自分の土地に帰ることが許されていない。ユダヤ人による支配とパレスチナ人の従属、その差別構造を合法的に支えるイスラエル国家。この構図はアパルトヘイトの白人による黒人の支配と多くの共通点がある。その中で育つ子どもたちは自分の未来に夢や希望を抱くこともできず、戦うことだけが生きていく手段になっている。その戦いはイスラエル人の恐怖心を煽《あお》り立て、更なるパレスチナ人への締めつけ政策に走るという、終わりなき悪循環になっているのだ。

一方でパレスチナ人の痛みは国際社会にも届きにくくなっている。メディアは現象的な事件やテロ、そして発信する力の強いイスラエル政府のプロパガンダを多くとりあげ、この問題の本質に切り込むことが少ない。その状況を変えていくために必要なのは、アパルトヘイトを崩壊させたのと同じ国際的な市民の力だとしらべさんは言う。

「アパルトヘイトが崩壊したのは、市民の声が盛り上がったためだと思うんですよ。市民レベルでさまざまなボイコットや、抗議があったり、そういった運動の高まりの中から、企業ボイコットが始まり、経済封鎖が始まり、政治の中にも波及していったわけです。政府レベルより市民の動きのほうが先だった。パレスチナも同じことが言えると思います。まず、私たちが事実を知り、『何でこんなことになっているんだ』と言うところから始めて、現状を改善するにはどうしたらいいんだろうと、声に出していくことがパレスチナ難民を助ける第一歩だと思います」。

※帰れない難民

最後にしらべさんが強調したのは、難民たちが故郷に帰還する権利が、イスラエル側からはもちろん、国際社会からも見放されてきていることだった。一九四八年にパレスチナの難民問題が発生した直後に、国連では一九四号という決議が決められている。そこには「パレスチナ難民の全員が、自分たちが元々住んでいた土地に帰る権利がある」と定められている。そして「失われた財産や家や土地に対して補償を受ける権利がある」ということも盛り込まれていた。この一九四号は、国連の総会や国際社会で一一〇回以上も再確認されてきたにも関わらず、イスラエルは無視し続けている。しかし国連は、それ以上の圧力をイスラエルに対してかけていない。

「イスラエルとしては、自分たちはここに国を作ってしまったから、難民のことは忘れてしまいたいという気持ちなんです。今も五〇〇万人のパレスチナ難民の人たちが苦しい生活をしていますが、それはとにかく置いておいて、ガザ地区とヨルダン川西岸地区をどうするか、ということで交渉の決着をつけてしまいたい、難民問題になるべくタッチしたくないというのがオスロ合意の骨組みになっています」。

オスロ合意では「一九六七年の第三次中東戦争でイスラエルが占領した土地をどうするか」といった内容が話し合われた。そして将来的にパレスチナが独立する場合は、現在も占領されている「ヨルダン川西岸とガザ地区」が独立する、という構想の上にたってすすめられてきた。しかし一九四八年に故郷を追い出されて難民となった人たちにしてみれば、一九六七年に奪われた占領地が帰ってきても、何ら問題の解決にはつながらないということになる。それがさまざまな争点の中でも、難民の問題が最も難しいとされている背景だった。

「パレスチナ人の総人口が約八〇〇万人、そのうち難民が五〇〇万人です。パレスチナ人の半分以上が難民であるわけです。二〇〇〇年の一一月にパレスチナで意識調査を行ったところ、九〇％以上の人が『パレスチナの独立と引き換えに難民の帰還権を放棄するんだったら、独立なんかしないほうがいい』という回答をしました。家に帰れない人たちが五〇〇万人もいるんです。彼らはとにかく一九四号がきちんと遂行されない限りは、平和は来ないと思っています」。

五〇〇万人のパレスチナ難民は、自分たちの故郷に帰れないまま五〇年以上の年月を過ごしてきた。イスラエルだけではなく、アメリカをはじめとした国際社会が、問題を解決するために本気で動いてこなかったひずみがここに現れている。

※平和を応援すること

船はエジプトの港、ポートサイドに停泊していた。翌日はいよいよイスラエル。ディヘイシャ難民キャンプを訪問する予定の参加者たちは、ピラミッド観光どころではなく、日本から集めてきた援助物資の仕分けや、子どもたちが故郷に帰れるようにと、祈りを込めて作った千羽鶴などの準備をしてあわただしく過ごしていた。

ピースボートの旅には、観光だけでなく、ＮＧＯや学生と交流するコース、さらにはディープな社会問題を扱う検証コースもある。参加者は自分の興味に応じて、何種類かのツアーの中から選んで参加したり、ツアーに申し込まずに自由行動したりする。しかしパレスチナ自治区や難民キャンプを訪問するグループは、通常のコースには含まれない有志の訪問団となっていた。総勢八〇名。皆、相当の覚悟をして名乗りを上げた。

ここではいつ情勢が変わるかわからなかった。「危ないそうだけど、本当に大丈夫なんだろうか……」。参加者の緊張感は高まっていた。いま自分たちが行く意味は何なのだろう、行って何ができるんだろうと自問する人もいた。行くからには物見遊山ではなく、現場で得たことをきちんと人に伝えようと、写真やビデオなどで記録するグループもできた。

「自分たちが行って何ができるんだろう」といった議論は、モトユキたちダンスのチーム・ユネスコでも毎日のように行われていた。前回のクルーズでもパレスチナのキャンプで踊ったチーム・ユネスコ。しかしメンバーはクルーズごとに違うので、彼らにとってははじめての訪問となる。

平和のメッセージを掲げて各国の街頭で踊ってきた彼らは、パレスチナの子どもたちに自分たちのダンスを見てもらうことは楽しみではあったが、戦争や平和についてたいして考えたことのない自分たちが、紛争の中で暮らしている人たちに平和のダンスを見てもらおうなんて、独りよがりじゃないのか、おこがましいのでは、との思いもあった。ダンスの練習時間をミーティングに変えて、「どういう気持ちで踊るのか?」「行って何を見てくるのか?」などといった話し合いが真剣に行われた。その重さについていけなくなった人たちが練習に来なくなったりもした。

「ダンスで平和を伝えることに、何の意味があるんだろう」。踊る意味や目的がわからなくなってしまった彼らの悩みは、パレスチナを目前にしてピークに達していた。

チーム・ユネスコの大橋サチコ（二〇歳）、通称サッちゃんもまた、悩んでいた。パレスチナのことはただ「危ないところなんじゃないかなぁ」としか考えていなかったし、チームに入ったのだって踊るのが好きだという理由からだった。はじめのうちは単にダンスを楽しんでいたサッちゃんは、練習を重ねていくうちに、自分の踊りを通して何かを伝えたいと思えてきたという。その〝何か〟が平和だった。しかし「平和」といってもあまりにも漠然としていて、自分のような普通の若者には大きすぎるテーマにも思えた。

このところずっと、難民キャンプに行くか行かないかで迷っていたサッちゃんは、山田しらべさんと偶然デッキで出会った。しらべさんに悩みを打ちあけると、こういう答えが返ってきた。『平和』について今までこんなに考えたことがなかった若者たちが集まって、こんなふうに真剣に考えて話し合っていること自体、すごいことだと思うよ」。

サッちゃんが思い返してみると、確かに日本にいるときは友だち同士でそんなことは話さなかったし、考えたこともなかった。しらべさんはこうつけ足した。難民キャンプの子どもたちは、自分たちが見捨てられていると思っている。だから、誰かが自分たちがどんな暮らしをしているのかに興味を持ってくれるだけでうれしいんだと。

「しらべさんが『平和を伝えなくてもいい、ただ応援する気持ちで踊ればいい。それならできるんじゃない?』と言ってくれたので、もやもやした感じだったのが楽になりました。しらべさんは後日、同じことをチームのみんなに話しに来てくれて、みんなも納得した感じでした」。

そしてサッちゃんは、「平和を伝えるためにダンスをしているなら、パレスチナは一番行かなくてはいけないところなんじゃないか」と決意した。

※パレスチナ人の誇り

同じころラミは、このエジプトで下船する手続きが終わるのを待っていた。彼はエジプトでいったん下船してイスラエルには行かず、飛行機でギリシャへ先回りをして船を待つ予定になっていた。〝危険人物〟である彼は、自分の国に入国できない可能性があったからだった。

「大丈夫。パレスチナ人はこういうことには慣れてるんだ」と言うラミは、少し寂しそうだった。数日の離脱にしては大きすぎるリュックを背負って、彼は船から降りるのを待っていた。

しかし、そのまま四時間以上も待たされた彼は結局「エジプトには入国できません」と言われてしまった。ギリシャ行きの飛行機に乗るには、警官に連行されて三六時間も空港に足止めされなければならなかった。ラミは、パレスチナ人だという理由で、同じアラブ圏でありイスラム教徒が多数を占めるエジプトにも受け入れてもらえなかった事実に、大きなショックを受けた。しかも「アラブの敵」であるはずのイスラエル人のケレンは簡単に入国できたというのに。

ラミは警官につきそわれて、ここで降りて飛行機に乗るか、あるいは投獄覚悟でイスラエルまで船で行くかの選択を迫られることになった。イスラエルまで船で行った場合は三つの可能性が考えられた。入国できるケース、入国できずに船に残されるケース、そして船が出るまで牢屋に留め置かれるケースである。ラミはそれでも船で行く決断をした。彼はこう言った。

「なぜそうしたかって言うと、パレスチナの匂いをかぎたかったたっていうこと。それから、たとえそこで投獄されたって、イスラエル人に投獄される方がアラブ人の『仲間』に投獄されるよりましだってことだよ」。

各地で「パレスチナ人」であるために不当な扱いを受けてきたラミは、「僕は自分がパレスチナ人であることに誇りを持っているし、それを恥じることは決してない」と強調して言った。そうとでも言わなければ、自分を支えているものが崩れ落ちてしまうかのように。

一方でラミは、必死に自分のことを心配してくれた仲間に対する信頼を強く感じていた。

「僕がエジプトに入れるように大変な苦労をしてくれたピースボートスタッフや、いろいろ気づかってくれた国際学生のみんなのことを僕は絶対忘れない。僕は家族がもう一つできたと思っている。とってもインターナショナルな家族だ。彼らはどこかのアラブの国より、よっぽど僕を大事にしてくれる」。

彼にとって、もはやイスラエル人もアラブ人もなかった。一人の人間として自分を認めてくれるかどうかが大事だった。

エジプトでラミが降りられなかったとき、クロアチアのエマは「ラミが船を降りないんなら私も降りない」と言って、気落ちする彼を慰めていた。実はこのころからエマとラミは恋におちていた。船内で芽生えた国境を越えた恋愛だった。毎日のように、ラミはエマに花をプレゼントした。エマは恥ずかしがったが、そんなストレートなラミを好きになっていった。ラミ本人は決して口にはしないが、エジプトで離脱せず船で行くことに決めたもう一つの理由は、大好きなエマと一緒にいたかったからなのかもしれない。

エマもケレンもそしてラミも、みんなを乗せた船は、イスラエル・パレスチナに向けて動き始めた。

Ⅳ 私たちの見たパレスチナ

現地の人たちと交流した、ピースボートのディヘイシャ難民キャンプ訪問団

1　エルサレム

《自分の地元へツアーで行ったことについて？　最初は笑ったよ、参加してる自分がばかみたいだとも思った！　でもすぐに、自分の町なのに実は知らなかったことが多いのに気がついた。外国の人と一緒に自分の国を歩いて、どんな質問が出るか、何を感じるかを聞くのもおもしろかったしね。船の上で自分が話したことを、みんなに自分の目で見てもらうこともできたなんて、完璧だったと思う。》（ラミ・ナセルディン）

《みんながパレスチナの人々の苦しみを実際に自分の目で見て話す機会を持つのは、すごく重要なことだと思う。自分自身で体験することに勝るものはないよ。一度その土地に行って人びとと話したら、世界のどこにいようと入ってくる情報を無視できなくなるでしょ。心がつながってると、努力しようというモチベーションがわくもんね。それがイスラエル人の抱える問題でもあるのよ。イスラエル人の多くは、占領地に行ったことがないの。イスラエル人は、パレスチナ人の生活がどんなか知らないし、そもそもどういう人たちなのかも知らない。そんな状況だから、イスラエルの政府とメディアが言うことをそのまま信じてしまってるの。》（ケレン・アサフ）

※船を待つ人

六月二七日の朝早く、イスラエルで最大級の港の一つアシュドッド港で、オリビア号の到着を待っている者がいた。ピースボートスタッフ伊知地《いじち》亮（二〇歳）は、こうしてイスラエルで船を出迎えるのは今回が三度目になる。事前にやれることは全てやった。あとは入国審査官たちがすんなり通してくれれば、という気持ちだった。

亮とともに船の着岸を待っていた審査官たちは、彼の顔なじみだった。といっても、仲良しというわけではない。前回の訪問のとき数時間も彼らに拘束されたから、よく覚えていたのだ。彼らの顔を見るたびに「なぜ難民キャンプに行くのか?」「パレスチナのテロリストと交流しているのか?」といったことを繰り返し聞かれた、苦い思いがよみがえってくる。

両親の仕事の関係で中学までアメリカのニューヨークで暮らしてきた亮は、一八歳のときからピースボートでスタッフをしている。英語が得意で鼻っ柱の強い彼の仕事は、〝先乗り隊〟といわれている。寄港地に船が到着する一〜二週間前にその国へ飛行機で入り、事前にツアーや交流プログラムの準備をするために奔走する。旅行会社と相談したり、入国管理局に行って船の入港や、さまざまな手続きについてやりとりし、手配する。通常の観光旅行ならともかく、ピースボートはあえて大胆な交流会や検証プログラムをつくっているので、アレンジをするのはたいへんな仕事だ。ときには、政府や旅行社が訪れて欲しくないところに行く場合だってある。

亮は年齢にはふさわしくないほど、数々の国でたくさんの修羅場を経験してきた。しかし、そんな彼にとっても、政治状況が極めて流動的なこの国で、パレスチナ側の人びとと交流するプログラムをアレンジすることは、特別に難しいことだった。

イスラエルにとって観光に来てくれる外国人は大歓迎だが、パレスチナ側、しかも〝難民キャンプ〟に行くというのは信じ難いことなのだ。審査官たちはこう言う。「何でわざわざそんな貧しくて汚い奴らのところへ行くんだ。奴らはテロリストで、とても危険なんだぞ。あんなところへ行くな！」と。だから、ピースボートとしては行き先を明言しない場合だってある。全てを言ってしまうと訪問許可が下りにくくなる場合もあるからだ。どこまでが許容範囲で、どこからが許されないのか。先乗りにとって、この国ではそういった微妙な駆け引きが重要な仕事である。

亮は、前回のクルーズでアガザリアン教授を感動させた交流会のアレンジも行っていた。そのときは二〇〇〇年九月の第二次インティファーダが始まった直後の訪問だったので、今回以上に緊迫した状況下で準備をしていた。そのとき亮たち先乗り隊は、目の前で子どもたちがイスラエル兵に銃撃されるシーンに何度も遭遇した。ヨルダン川西岸でも、ガザでも同じ光景を見た。

亮が最初にその現場を見たのはヨルダン川西岸、ベツレヘムへの入り口にある〝ラケル（英語ではレイチェル）の墓〟という、イスラエルが〝ユダヤ教の聖地〟と主張している所の近くだった。道路に石が転がっていて、バリケードも作られていた。散乱したタイヤの燃えカスがまだ焦げ臭い匂いを放っていた。パレスチナ人のタクシー・ドライバーによれば、ここはクラッシュポイント（衝突が起きる場所）の一つで、パレスチナ人の青年や少年が一日に数回、イスラエル軍に向けて石を投げているという。

反対のイスラエル側には完全武装した兵士が常駐し、要塞のごとく積み上げられたコンクリートのバリケードの上からM-16自動小銃や催涙弾で少年たちを狙っている。石コロ対M-16、あるいは丸腰の少年対完全武装の兵士。「こんな一方的なものが〝戦闘〟と呼べるのか。勝てるわけがないのに何で石を投げるんだ……」、そう聞いた亮にドライバーが言った。

「これは戦闘なんだ。なぜなら僕らが持っている武器は石コロだけだから。これが僕らにとって唯一の武器なんだ。もちろんイスラエル軍を傷つけることはできない。でも、何もできないとしたらこの怒りをどこにぶつけるんだ？　土地を奪われ、行動を制限され、衝突があれば学校への道も塞がれる。出産のために病院に行こうとすると止められて、母子共に死んでしまう。こんな状況が五〇年も続き、ずっと難民として暮らさなければならない。石を投げることで、本気でイスラエル軍を追い返せるなんて思っているパレスチナ人はいないさ。でもこの怒りをあらわさない限り、気づいてくれる人なんて誰もいないんだ。世界の他の人たちは、僕らの苦しみを見て見ぬフリをするか、忘れてしまっているじゃないか！」

亮には、言い返す言葉がなかった。

数日後に亮は準備と視察を兼ねて、ガザ地区へ入った。船が入る前日に事件があり、ここには結局参加者を連れて来ることはできなかったのが残念だが……。ガザのニッツァリムという入植地の手前では、ここにあったはずのパレスチナ人の集落が完全に破壊されていた。また、抱き合って怯えるパレスチナ人の親子をイスラエル兵が銃撃した映像（子どもは死亡、父親は重傷を負ったものの一命を取り止めている）を、フランスのテレビ局が生中継した場所でもある。

目の前にあるイスラエル軍の見張り台からは、ひそかに見張られていた。気味が悪かった。すると突然、入植地から巨大な戦車が出てきた。しかもこともあろうに亮たちの後を追ってくる。「まさか！」と思ってあわてて道を曲がると、砲台部分だけがグルリとこちらに向けられた。「！！！」あまりの恐怖に声も出なかった。さすがに砲撃をしてくることはなかったが、亮は強大な武力が無力な市民たちを押し潰す様子を肌で感じとった。ガザの友人は「これがパレスチナとイスラエルの問題の現実だよ」とだけ言った。

ガザからの帰りがつい遅くなり、その間に検問所の前で衝突が起きてしまった。そのためにガザから出ることができなくなった。そこで友人が、「ちょうどいい、夕食を食べていけ、そのころには終わるさ」と言ってくれた。ここでは衝突と出入り口の封鎖が日常化していた。楽しい夕食をご馳走になり、かわいい子どもたちを見て「なぜこの子たちがこんな中で暮らさなくちゃいけないんだ……」と感じた。自分にはどうすることもできなかったが、あまりにも悔しかった。

夕食が終わって検問所に行くと、衝突はまだ続いていた。小学生ほどの子どもたちがイスラエル兵の詰め所に向かって石を投げていた。対するイスラエル軍は子どもたちをねらって発砲と催涙弾の投下を続けていた。イスラエル兵にとって、石を投げて向かってくる子どもたちは単なる〝敵〟であり、〝テロリスト〟だった。あたりには、銃声、叫び声、煙、石が散乱し、壮絶な光景が広がっていた。

亮は、今まで自分の中に溜め込んでいた、とてつもないやりきれなさが爆発しそうだった。しかしそれより先に、隣にいた同じ〝先乗り隊〟の女性が、涙を流して叫びだした。「何でこんなことが起きなきゃいけないの⁉　どうしてこの子たちがこんな経験をしなくちゃいけないの⁉」

車を運転するパレスチナ人は、必死で平静を装っていた。しかし時間がなかった。亮たちは強行突破をすることにした。衝突している真ん中を、スピードを上げて突っ切った。

急激に悪化する情勢のために難民キャンプへの訪問ができなくなる可能性もあった中で、彼は何とかこういった状況を参加者に伝えたかった。そしてガザへの訪問は中止になったものの、亮たちの努力の甲斐もあり、短いながらも難民キャンプへの訪問は実現した。前述したように交流会は大いに盛り上がった。しかし帰りがけに港で止められた彼は、長い間拘束された。難民キャンプに行ったことが知られたからだった。そのためここからの乗船を断念することになった。名目上は「パレスチナ側と接触を持っている彼が危険人物である疑いがある」とのことだったが、実際は嫌がらせである。亮には「パレスチナ側と仲良くするからこういう目に会うんだ」という意味の、みせしめのように感じられた。船は、彼を置いたまま出港していった。

彼がこの港に立つのはそのとき以来、半年ぶりだ。いろんなことが亮の頭をよぎった。ふと目を上げると、彼方に青と白に色分けされたオリビア号が見えていた。「さあ本番だ!」亮は気を引き締めた。次はどんなドラマが待っているのか。でも、もう拘束されるのだけは御免だった。

※イスラエル入国

船を降りるタラップには、参加者の長い行列ができていた。いつものことながら、世界一厳しいイスラエルの入国審査には時間がかかる。船の中で入国手続きに並んだ後、船を降りる際にも入念な荷物検査のために並ぶことになる。荷物は全て開けられる。特に普通の旅行者が持っていないイベント用の物は調べられる対象となった。プレゼントする予定のサッカーボールは一〇〇個近くあったが、それも金属探知機で調べられた。

モトユキが持っていたのは、千羽鶴とクス玉だ。「イベントで子どもたちをビックリさせようと思ってチーム・ユネスコでクス玉を作ってきたんだけど、下船してすぐ検査官に割られちゃって、俺の方がビックリさせられちゃったよ!　中身が出たおかげで使えなくなっちゃった」。

世界一テロ対策が厳重な国、イスラエル。しかしなぜか、その国ではテロが多発している。力による「対策」だけではテロがなくならない現実を、パレスチナ問題は象徴している。

そのころラミは、イスラエルの入国管理局に尋問されていた。イスラエルの官吏は、何で日本人の船が「危険なパレスチナ人」を乗せているのか信じられないという態度をとっていて、「船で何をしていたか」といった質問から始まり、実家のことやプライベートなことまで、意味のない質問が繰り返されたという。

そしてラミが最近のインティファーダで暴力事件を起こしている写真を見たとも言われた。もちろん証拠などない。ラミが「いつものことだよ。バカな質問を僕にあびせるだけ」と言うように、どう見てもパレスチナ人に対する嫌がらせでしかなかったが、彼は丁寧に質問に答えていた。彼は自分の境遇に、ある種のあきらめを感じているといっていい。

長い時間無意味な質問が繰り返された末、やっと彼は解放された。尋問は不愉快だったが、恐れていた投獄をまぬがれた上、難民キャンプを訪問するグループに同行できることになったのはラッキーだった。バスの中でラミが来るのを待っていたモトユキたちは、彼がやってくると大きな拍手で迎えたため、ちょっと照れくさくなった。ラミたちを乗せたバスは、彼の実家があるエルサレム旧市街へと向かった。彼にとっては一か月ぶりの帰宅になる。

※ラミの住んでいる町

港からエルサレムまでは車で一時間ちょっとの道のりだ。エルサレム市に入ると、それまで続いていたゴツゴツした岩山のある荒涼とした風景が、石造りのきれいな建物へと変わった。

エルサレムのユダヤ人地区では、黒い山高帽にヒゲとモミアゲを長く伸ばした熱心なユダヤ教徒もたくさん見かけた。ほとんどの参加者は、エルサレムというと旧市街だけだと思っているのだが、実は旧市街を含んだ一帯がエルサレム市である。

エルサレム市は、イスラエルが建国された一九四八年に東と西に分けられ、西エルサレムはイスラエルの支配下、東はヨルダンの支配下に入った。キリスト教、ユダヤ教、イスラム教の聖地がある旧市街は、東エルサレムにある。

旧市街の城壁の前でバスを降りた一行は、町に入るためにここでも検問を通らなければならなかった。入国のときほど厳しくないとはいえ、金属探知機で全身を調べられた。一方、例の黒装束の厳格なユダヤ教徒たちは、ノーチェックだった。「ユダヤ教徒は安全でパレスチナ人は危険だから」という理由なのだろう。生まれてからずっとここで検問を受けてきたラミは、念入りなチェックにはもう慣れっこだった。何しろ自分の家がこの城壁の中にあるのだから無理もない。

門を入ると正面の城壁の一番上に、六つのユダヤの星が飾られていた。一九六七年にこの町を

ユダヤ教の聖地「嘆きの壁」。紀元前960年ころダビデ王国のソロモン王が建てた神殿の遺構である

占領したイスラエルは、ナチスのホロコーストの犠牲になった六〇〇万ともいわれるユダヤ人の追悼を込めてこれを置いたといわれている。強烈な日差しが旧市街の広場に照りつけていた。白い石畳に反射した光がまぶしくて、目を細めなければならないほどだった。ユダヤの星のすぐ右手には、ユダヤ教の聖地「嘆きの壁」がそびえている。二〇人ほどのユダヤ教徒が壁に向かって熱心に祈っている。いつもは観光客でごったがえすこの「嘆きの壁」の前の広場も、紛争激化のために観光客が激減し、人影もまばらだった。

一九六七年の戦争に勝ったイスラエルは、東エルサレムを含むヨルダン川西岸を占領すると、まっ先にこの「嘆きの壁」を確保した。それに対して国連は即時撤退を求めたが、イスラエルはその決議を無視し、それどころか停戦してわずか四日後には、「嘆きの壁」周辺にあったパレスチナ人住居をブルドーザーで徹底的に破壊した。ここが自分たちのものであることを知らしめるつもりだった。その後、「旧市街を含むエルサレム全域はイスラエルのものだ」という宣言は何度も繰り返され、一九八〇年にはイスラエル国会でも「東と西を含めたエルサレムは、永久にイスラエルの首都である」と宣言した。

かつて湾岸危機のときに、クウェートを軍事占領したイラクのサダム・フセインが「クウェートはイラクのものだ!」と宣言したことが想起される。しかしさすがのフセインも、占領したクウェートの首都を自国の首都にしてしまうような過激な処置まではとっていない。イスラエルのこの行動は、それをやってしまったのと同じだった。

もちろんこういった宣言をいくら出したところで、占領地は占領地である。国際的には認められないため、イスラエルはここを首都としているのに、各国は大使館をテルアビブに置くというおかしな状態が続いてきた。

その後イスラエルは統一エルサレム市の領域を三倍に拡大して、周辺のパレスチナ人の土地を没収。かわりにユダヤ人を住まわせて、占領した土地を自分たちの土地に併合する戦略を着々と進めている。

※聖地を巡る争い

「嘆きの壁」の向こうには、イスラム教の聖地である岩のドームとアル・アクサ・モスクがある。今回は紛争激化のため観光客は入れなかったが、シャロンがここを電撃訪問したことをきっかけにして第二次インティファーダが始まったという場所である。

一行はいったん旧市街から出て、町並みが一望できるオリーブの丘に登った。ここからは金色に光り輝く岩のドームが見えた。この美しい眺めを見ると、この町で紛争が続いていることがうそのように思えた。そしてラミの住む家は、その町中にある。彼にとって家から一歩出ればそこは紛争地だった。安心できる場所は、家の中だけだ。ラミは言う。「旧市街は世界一美しい街だけど、そこに住む僕らには自由もないし、幸せでもないんだ」。

ラミのように、エルサレム旧市街に住んでいるパレスチナ人は約三千人。ちなみに旧市街を含めた東エルサレム市全域では約三万人である。彼らは難民ではないが、「占領下のパレスチナ人」として暮らす毎日を送っている。ラミの家族は一九六〇年代にヘブロンからエルサレムに移ってきた。当初はヨルダン領だったこの場所は、一九六七年の第三次中東戦争でイスラエルの占領下に置かれる。それ以来、エルサレムに住むパレスチナ人は二級市民の扱いを受けている。

ラミは最近、パレスチナ人への監視が強まったと言う。「一年ほど前から旧市街全域でたくさんの監視カメラを見るようになった。僕らはいつもイスラエルに監視されて生活しているんだ。警察はパレスチナ人を警戒して、いつでも追い出せるようにとそんなことをしている」。

イスラム教徒の居住地区にも、やはり監視カメラはあった。彼らはカメラに見つめられながら生活している。クロアチアから来たエマは、ラミがこんな環境で暮らしていたことを知ってびっくりしていた。街角のあちこちには武装したイスラエル兵がいる。厳しい検問とカメラで監視される日々。少し町を歩いただけでも、パレスチナ人の息苦しさが伝わってきた。エマは「なぜこんなことが放置されているんだろう」と思わずにはいられなかった。一方で彼女はイスラム教徒の地区を歩くユダヤ人の子どもに、武装したガードマンが付き添っていたのを見ている。それは異常な光景だった。子どもでさえ安全には歩けないというのだろうか。三つの宗教の聖地であり、多くの人びとにとって憧れの的であるエルサレムを訪れる外国人は、今はほとんどいない。

「ユダヤ人の国」を宣言しているイスラエル政府にとって、ユダヤ教の聖地である「嘆きの壁」を含む東エルサレムを手に入れることは、パレスチナ人の人権や国連決議よりもはるかに大事な問題である。だから旧市街の主権（管理権）は、何としても手放さないと言われている。

しかしエルサレムは、イスラム教にとっても聖地だ。また地理的、経済的にもヨルダン川西岸地区の中心となっている。だからパレスチナが将来独立する場合、東エルサレムを首都にしようと考えるのは当然だった。パレスチナ自治政府のアラファト議長は長年、エルサレムを首都とするパレスチナ国家を作るとパレスチナ人に約束してきた。アラファトがもしエルサレムを放棄したら、パレスチナ人だけでなくアラブ世界からも、彼は裏切り者とみなされることになる。

イスラエルとパレスチナ、双方がこの町の主権を欲しがっているために、東エルサレムは和平交渉の大きな争点の一つとなってきた。現在アラファトは、エルサレムをパレスチナとイスラエルの両国の首都とする案を提唱している。

このあと訪問団が訪れたのは、同じエルサレム市内のオリエント・ハウスという大きな建物だった。ここはパレスチナ自治政府のエルサレムにおける非公式の本部として機能してきた。各国の代表がエルサレムを訪問した際には、ここでパレスチナの指導層と会談する例も多い。またオリエント・ハウスは政治の中枢であると同時に、エルサレムを首都とするパレスチナ国家を建設する夢の象徴ともなっている。一九九三年にオスロ合意の和平プロセスが始まると、イスラエルのペレス外相はオリエント・ハウスなどを不可侵とすると約束している。

この日、そのオリエント・ハウスには、あのアガザリアン教授をはじめ、大勢のパレスチナ人が集まっていた。先日亡くなったパレスチナ人の有力な政治家である、ファイサル・フセイニ氏の追悼集会が開かれていたのである。彼は一九九五年以来、ピースボートの受け入れに尽力してくれた友人でもあった。

この集会には約五〇〇名が参加。故ファイサル氏をしのぶメッセージと、チーム・ユネスコのパフォーマンスを行い、日本から持ってきた援助物資なども現地NGOに手渡した。アガザリアン教授は周りの知人たちに誇らしげに言った。「どうだ。私のピースボートを見てくれ!」と。たくさんのパレスチナ人と日本からの参加者、そして紛争地から来た国際学生たちが、オリエント・ハウスに掲げられたパレスチナの「国旗」を眺めていた。パレスチナが独立して、この旗が本当の「国旗」になるのはいつのことかと思いながら。しかし数週間後、オリエント・ハウスはその時にここにいた誰もが想像していなかった事態に見舞われることになる。

2　入植地ギロとベッジャーラ村

※エリアA

訪問二日目。ホテルのレストランで軽い朝食をとった一行は、エルサレムからベツレヘムにあるディヘイシャ難民キャンプへ向けて出発した。この日も日差しは非常に強く、バスの中でもエアコンなしでは暑くていられないほどだった。参加者の誰かが、ヨルダン川西岸で走っている車のナンバーの色が違うことに気がついた。緑色と黄色の二種類のナンバーだ。山田しらべさんによると、それぞれのナンバーはイスラエル側とパレスチナ側を識別するためのものだと言う。緑

パレスチナ人の緑のナンバーの車は、イスラエル兵の厳しい検問を受ける

のナンバーはパレスチナ人の車で、基本的にパレスチナ自治区から出ることができない。自治区から出る場合は、検問で非常に厳密な検査を受けなければならない。一方黄色いナンバーはイスラエル人の車で、自治区を含めてイスラエル中どこにでも行くことができる。

ピースボートのツアーのバスは黄色のナンバーなので、いくつも設けられた検問所でも止められることは少ない。帰りにパレスチナ自治区から出る検問所では、素通りだった。しかし隣の車線には、徹底的に調べられる緑のナンバーの車が渋滞していた。毎日イスラエル側に働きに出る人びとに対して、イスラエル兵は「パレスチナ人の全員がテロリスト」という対応をとり、銃で脅して、車の座席の奥や補助タイヤを外させて調べていた。毎日がこの繰り返しだ。

そんなイスラエル人にとっても、容易には行けない場所があった。ケレンは、この難民キャンプへの訪問団には参加していなかった。彼女は同行できない理由をこう述べている。

「イスラエル政府は、占領地の『エリアA（A地域）』にイスラエル国民が入ることを禁止しているの。入植者じゃない限りね。だからもし私がツアーに参加したら、兵士にチェックされてみんなにとって面倒くさいことになるかもしれない」。

エリアAとは、パレスチナ自治区の中でもパレスチナ側が治安を含め行政権を掌握している地域のことである。そこにはイスラエル兵は駐留していないため、イスラエルの政府は安全上の理由で一般のイスラエル人が立ち入ることを禁止している。ということは、名目上はパレスチナの自治地域となってはいても、本当にパレスチナ人の自治が行われている場所と、「そうでない場所」とがあるということになる。そしておかしなことに「そうでない場所」、つまり実質的にイスラエル側が管理している土地の方がまだまだ多いのである。

自治区は、次の三つのエリアからなっている。まずエリアA（A地域）は、本当にパレスチナ人が自治をしているといえる地区。ここは、西岸地区では面積率で約二〇%、詳しく言えば一八・二%しかない。そしてその一八・二%も、地図（九〇、九一ページ参照）を見ればわかるように、分断されている。パレスチナ人の地域がばらばらだという事実は偶然ではなく、イスラエル政府の戦略として進められてきた入植地の問題と深く関わっている。

西岸の一九％はエリアB（B地域）と定められている。ここでは、基本的にはパレスチナ側が自治を行うのだが、治安に関してはイスラエル軍が担当している。つまり民生はパレスチナ側がやっていても、いざというときはイスラエルが管理可能な地域である。従ってイスラエル兵が常駐している。

そして西岸地区では約六〇％を占めるエリアC（C地域）。ユダヤ人入植地を含んだこの土地は、今でも完全にイスラエルの管理下にある。一方ガザ地区では、オスロ合意後は大部分が返還され、パレスチナ管理のエリアA（A地域）になった。しかし実はここも要所要所にエリアCが点在している。

バスに乗ってパレスチナ自治区の中を走っていると、難民キャンプを抱えたパレスチナ人居住区とは明らかに異なった建物が目に付く。赤い屋根で白い壁の美しくて立派な一戸建ての並ぶ住宅街が丘の上に突然現れる。これが、パレスチナ問題を複雑にしている入植地だ。

エルサレムを出て、西岸地区を数キロ入ったところにあるディヘイシャ難民キャンプに到着するのに、約一時間半かかった。入植地に囲まれているディヘイシャへ行くためには、細くて曲がりくねった回り道を使わなければならなかったからだ。しかしイスラエル人入植者は、きれいに舗装された入植者専用道路を使える。それを使えば、実はエルサレムからディヘイシャまでたった一五分で到着してしまう。回り道の途中は急勾配の登り坂が多く、バスは何度も立ち止まり、

金網の外からディヘイシャ難民キャンプを見る

エアコンを切らなければならなかった。キャンプに住むパレスチナ人たちは、エルサレムまで働きに行くために毎日この道を使っているという。

モトユキたちの乗ったバスは、パレスチナ人管理地域の「エリアA」に入った。

※入植地とは何か

今回は同行できなかったとはいえ、ケレン自身は何度も難民キャンプや入植地を訪れたことがある。そして彼女が所属するNGOの一つ、「ピースナウ」では、入植地の監視活動を専門的に行っている。入植地へ行って、空いている家や人が住んでいる家の数を数えてデータを集め、メディアに伝えてきた。彼女はそこで得たデータや、入植地を訪問したときの経験に基づいて、入植地建設はイスラエルの戦略であり、明白な国際法違反であると位置付けている。

ケレンはピースボート船内で、事前に入植地の講座を行っている。日本人にはほとんど知られていない入植地を説明するため、彼女は講演会場をヨルダン川西岸に見立てた。

「入植地について考えてみましょう。この会場全体をパレスチナ自治区の西岸地区と考えてください。あなた方のほとんどはパレスチナ人です。会場で三〇〇人ぐらいいますよね。二〇〇人しか入れないスペースに、とても多くの人たちがぎゅうぎゅうに住んでいます。中央に立っている四人がユダヤ人入植者です。一〇〇人くらい入れる広いスペースを占有しています。それからまわりの八人が彼らを守るという名目で駐留している武装した兵士です。パレスチナ人自治区のど真ん中に入植者が住んでいます。彼らはパレスチナ人から取り上げた土地に後から入って来たのに、よい場所に住んでいるわけです。彼らは赤い屋根にスイミング・プール付きの家に住み、とても豪華な生活をしています。想像してみてください。パレスチナ人のあなた方は仕事もなく、食べるものもなく、お金も乏しい状態で、家の窓からこんな華やかな生活をしているイスラエル人たちを目の当たりにしています。そしてその入植者たちはイスラエル兵によって囲まれ安全を保障されています。皆さんがパレスチナ人だったらどう感じるでしょうか」。

なぜこのようなことが起こっているのだろうか？　第三次中東戦争（一九六七年）でガザとヨルダン川西岸をイスラエルが占領したことはすでに述べた。そしてその翌年から、イスラエル政府は市民をどんどん占領地に送り込んでいる。入植地は、占領した土地を永久にイスラエルのものとするためにつくられてきた。占領地にユダヤ人を住まわせることで、「一時的な占領」から「イスラエルの土地」にしてしまうのが目的だ。

和平交渉が行われている間、入植地に住む人びと＝入植者は、和平反対運動の中心になった。和平が進んでパレスチナ占領地が独立するようなことがあれば、自分たちがここから出て行かなければならなくなるからだ。占領地には現在、一九六か所の入植地があり、そこには約二〇万人の入植者が住んでいる。イスラエル国民六〇〇万人のうちのたった三％の入植者が、和平への大きな障害となっているといわれている。入植地の撤去は和平交渉の大きな争点になっているが、和平交渉の間も次々と建設されてゆく入植地を見て、パレスチナ人はイスラエル側が本当に和平を望んでいると信用できたのだろうか。

「国際法は占領した土地に国民を送り込むということが違法であると、はっきりと述べています。占領は一時的なものでなくてはならないし、入植という行為は占領を永続させるものだからです」とケレンは強調した。

入植地は占領地の全域に広がっている。しかも一か所に集中しているのではなく、パレスチナ人の村と村の間に散らばるように作られている。占領地の地図を見ると、パレスチナ側の村と、ユダヤ人の入植地が混在しているのがわかる。このように入植地は計画的に作られている。そうすることで将来、パレスチナが独立しようとしても、パレスチナ側は一つにつながった領土を持つことが難しくなる。パレスチナ側は、和平交渉で何としても入植地を一掃したいと考えている。もし交渉が決裂して入植地をこのままにして独立した場合は、バラバラの穴だらけの、国家としての機能を果たすことができない国家になってしまうからだ。高橋和夫さんはこの状態を「スイスチーズの穴だけが独立するようなもの」と説明する（一〇九ページ参照）。

※入植地に住むということ

ケレンは次に、入植者の生活について触れた。

「入植者の多くは狂信的なユダヤ教信者で、パレスチナ人の生きる権利やそこに住む権利というのをほとんど無視しています。彼らはとても暴力的で、パレスチナ人の村に行って家を燃やしたり、時には人を殺したりすることもあります」。

入植地に住むのは、軍隊が守っているとはいえ危険も多いし、生活も決して便利ではない。イスラエル政府が全面的に彼らの面倒を見ているので、食料の補給や仕事への行き帰り、学校については手配されている。しかし二、三か月前に入植者の子どもがパレスチナの過激派に殺されるという事件があったばかりだ。

入植地を取り巻く対立は、深まるばかりだ。そんな中、あえて占領地に住もうという人びとは、イスラエルの中でも熱狂的な右翼が多いといわれている。彼らによると西岸やガザ地区は占領した土地なのではなく、もともと神に与えられることが決まっていた「約束の地」の一部ということになる。そして、そこにはもともとパレスチナ人に住む権利などないのだと固く信じている。彼らにとって、ほんの少しの土地をパレスチナ人に返すことさえ「神への冒とく」なのだ。

しかしこのような考えの人びとは、イスラエルの中では少数派だ。最近入植地に入ってくる人には、そういった右翼的な人よりも、ロシアなどから新しくイスラエルにやって来て、単に住む所がないので来た人が多いそうだ。イスラエル政府は入植地政策を促進するために、そこに住む人には土地や家を極端に安く売るという政策をとっている。

ケレンは言う。「入植地なら、テルアビブで小さいアパートに住むのと同じお金で、大きな家に住んでとてもいい生活をすることが出来ます。入植者は税制、家賃などあらゆる面で政府から優遇されています。だから、このごろは宗教的理由だけではなくて、経済的に貧しいから入植地に住むという人も増えてきています」。

新しくやってくる入植者たちは、パレスチナ人の状況はもちろんのこと、入植地に住むことが何を意味するのかもよく知らない。ただ、自分たちを敵視している「恐ろしいテロリストであるパレスチナ人」から身を守るため、銃を持って通勤するのである。

一九六か所の入植地のほとんどは小さな入植地だ。二家族しか住んでいなくて、その周りを一〇戸ほどの空き家が囲んでいて、その周りをまた兵士が取り囲んでいるというところもある。イスラエル政府が領土を拡大するために、住む人がいなくても家を建てているからだ。そしてどの入植地にも大きさに関わらず、兵士が駐留している。それが周りのパレスチナ人に緊張感と憎しみを生みだすという悪循環が起こっているのである。

一年ほど前にケレンはガザ地区の入植地に行った。例によってその入植地にも、一二、三家族しか住んでいなかった。そして、他の場所と同様多くのパレスチナ人の地域に囲まれていた。入植者がパレスチナ人の地域に行くのは危険なため、政府は入植地専用の道路を作っている。もちろんこの道路の建設にもたくさんの税金が使われている。

「入り口でしばらく待たされたあと、たくさんの兵士がジープに乗ってやって来ました。前後をジープに挟まれて、入植地の方に誘導されます。道の両側には有刺鉄線が張られ、途中には、パレスチナ人が入らないように、イスラエル兵が警備しているチェックポイントがいくつもあります。パレスチナ人地域のど真ん中に、一〇から二〇人のイスラエル人家族が住んでいるのです。この地域に入るには必ず保護された道を通らないといけないわけです」。

ケレンは講座の最後に、入植地が生み出される背景についてコメントしている。

「政治家の利益と、右翼で狂信的な宗教を信じている人たちの利益が一致した結果が、入植地を生んでいるのです。政府は入植者の代表会議というものを開いて、彼らの意見を常に聞き入れる体制を取っています。入植地がある限り和平は実現しません。イスラエルの中で支持を得るのは難しいことですが、私たちは入植地をなくしていかなければならないのです」。

※ギロとベッジャーラ村

ディヘイシャへ向かう途中、一行は西岸でもっともひどい砲撃を受けているパレスチナ人の村、ベッジャーラ（ベイト・ジャーラ）に立ち寄った。ベッジャーラ村は、入植地の輪に囲まれたパレスチナ人居住地域だった。谷を挟んで一キロ先に、大きな入植地・ギロがある。昼間は安全だが、夜になるとギロからベッジャーラへの攻撃が始まるという。入植地の住居のあいまには、イスラエル軍の戦車が待機しているのが見えた。

ベッジャーラに住む人びとは毎日のようにギロから砲撃されている。パレスチナ側からの反撃でギロの住人にも被害は出ていた。それによってますますお互いの憎しみは増している。ギロに住む人びとは「この攻撃は自分たちに向けられた攻撃への報復だ」と主張しているが、双方の町並みを見ればどちらが大きなダメージを受けているのかは歴然としている。

パレスチナ側は小火器による反撃をすることもあるが、イスラエル軍はアメリカ製の最新兵器で攻撃していた。迫撃砲、戦車やヘリコプターからの砲撃などで、谷に面する家々には弾痕が無数に刻まれて焼け焦げている。どちらが先に撃ったのか確認することはできないにせよ、ベッジャーラで累々と続く廃墟になった家々を見る限り、パレスチナ側に圧倒的に不利な状況であることは確かだった。

穴だらけのドアを開けて、廃屋となった家に入っていった高野モトユキに緊張感はなかった。「すごいやられてるけど、何だか映画のセットのように見えてしまって、実感がわかなかった」。三階建ての家にヘリコプターから投下された爆弾は、一階まで貫通していた。足元には、銃弾や、壊れた家具が散乱している。モトユキは、子ども部屋と思われる部屋に入った。そこには半分壊れた女の子の人形があったり、アラビア語が書きかけのノートが落ちていた。そして小さな靴が、片方だけ転がっていた。彼はそれを見つけたとき、はじめてゾっとした。

「はじめは怖くなかったんだけど、靴とか書きかけのノートなんかを見つけて、それが妙にリアルだったから、ここにはどんな子どもがいたんだろうって思った。そうしたらここの家族があわてて逃げ出す様子が想像できた。急に怖くなったよ」。

この家には二四人の大家族が住んでいて、ヘリコプターの音を聞いて爆撃前に脱出していた。その後は難民キャンプや近隣の親戚の家などに分散して避難生活をしていると、近所の人が教えてくれた。その家の壁には戦車の砲弾で大きな穴もできていた。穴をのぞくと、ギロの町並みが見えた。

山田しらべさんによれば、入植地に囲まれたベッジャーラは東エルサレムに隣接しているため、

破壊された新築の家の前に立つ持ち主

イスラエルはここを奪って東エルサレムそのものを拡大し、パレスチナ人地区からイスラエルの土地に変えるために攻撃しているという。

つまりここへの攻撃は、ここからパレスチナ人を追い出して入植地を拡大するという目的で行われているらしい。

ベッジャーラの住民の大半は逃げ出しているが、まだここに住み続ける人もいた。谷に面した家の中でも特にひどくやられている家があった。

その家の持ち主がやってきて「このありさまを見てくれ」とモトユキたちに訴えた。家は新築されたばかりだった。しかし三か月前の攻撃によって砲弾を浴び、そのとき旅行に出かけていていた一家が戻ると、建てたばかりの家はもう住めなくなっていた。二〇日ほど前にも、この家はさらにひどい攻撃を受けたという。

危険を避けるために彼の家族はすでにヨルダンに引っ越しているが、彼自身は「パレスチナ人を追い出そうとするイスラエルの思い通りにはさせない」と、危険を承知ですぐ近くに住んでいる。壊された家の前に立つ、彼の怒りとも悲しみともつかない表情が、この村の人びとの気持ちを象徴していた。

谷の向こう側に立ち並ぶ入植地。そこで休みなく動いている二台の巨大な建設用クレーンは、この入植地がさらに拡大されていることを告げていた。入植地は、人が住むためではなく土地を奪う目的で作られているため、建設工事が終わることはない。

重い足どりでバスに戻った一行にラミが言った。

「こういった入植地の建築現場では、パレスチナ人が働いています。僕の知り合いにもそういう人はいます。他にどこにも仕事がなくて、食うに困ってユダヤ人のための入植地を作っているんです。みなさん、このことを忘れないでください」。

急ピッチで進む入植地の工事現場には、そこで働かなければ食べていけないパレスチナ人が働いていることが多い。イスラエルによって土地を奪われ、仕事も奪われたパレスチナ人が、自らの土地を奪う人びとのために働かざるをえない現実があった。

3　ディヘイシャ難民キャンプ

※回転ドア

バスはベッジャーラを後にして、ディヘイシャ難民キャンプへと向かった。参加者の多くは惨状を目の当たりにして、「同じ人間に対して、何でここまでしなくてはいけないんだ……」と、わからなくなってきていた。しかし、今見てきた現実を消化して整理する間もなく、ディヘイシャに到着した。「危険さ」を強調されていた参加者に緊張が走る。

しかし、バスを降りるとあたりは静かだった。「どこが難民キャンプなの?」という声も聞かれた。一見普通の通りに見える道路の向かい側に、そのキャンプがあった。

キャンプの入り口には、複数の鉄パイプが突き出た、いかめしい回転ドアだけがつっ立っていた。正確に言うと、入り口から数メートルの所に、回転ドアがモニュメントのように置いてある感じだ。明らかに入り口としての機能は果たしていないようで、不自然に見える。

「みなさん、この回転ドアを見てください」、山田しらべさんがその由来を話した。

一九八七年に第一次インティファーダが始まったとき、イスラエル政府はキャンプ内の人びと

第一次インティファーダを忘れないために、象徴的に残されている回転ドア

への管理と締め付けを強化した。ディヘイシャの周囲には八メートルの高さの鉄条網が張り巡らされ、それまで一四か所あったキャンプの出入り口は、この回転ドアを除いて閉鎖された。人びとはイスラエル兵がチェックする中を、このドアから出入りすることしかできなくなった。まるで檻に入れられた動物のような扱いである。檻の中では、武装したイスラエル兵がジープで巡回していた。抵抗すれば撃ってきたし、家の中に催涙ガスを投げてくることもある。そのために亡くなった人もたくさんいるという。

イスラエル側はよく戒厳令（外出禁止令）を発令して、それをパレスチナ人への集団処罰のような形で使っていた。一歩も家の外へ出られない日々が、ときには三〇日も四〇日も続いた。三日に一度くらい、三〇分だけ外出が許されて、近くにパンを買いに行かせてもらえることもあったが、そんなときは大勢であわてて買い物に行って、あわてて戻ってきた。水道も電気もガスもカットされ、何日も家に閉じ込め

亡くなった少年の肖像画(後方)

られるという日々だった。

一九九三年に和平交渉が始まって、イスラエル軍はキャンプから撤退していった。そこで住民たちは自分の家から出てきて、キャンプの周りを囲んでいたフェンスを自分たちの力で取り払った。キャンプは、昔のように自由に出入りできるようになったが、この回転ドアだけは入り口に残された。インティファーダの時に苦しんだ歴史と、亡くなった人びとのことを忘れないために。

参加者たちは回転ドアを眺めながら、キャンプに入っていった。一九四八年につくられたディヘイシャ難民キャンプでは、現在一万一千人が暮らしている。これまでは主にイスラエルへの出稼ぎの肉体労働で生活していたが、二〇〇一年六月から通行を規制され、失業率は七割にのぼっている。小麦粉・砂糖・塩・米・油は国連から配給されるとはいえ、生活は困窮を極めている。キャンプに入って簡単な挨拶をしたあと、五人から八人ほどの小グループに分かれて、キャンプ内を案内してもらった。案内人はキャンプの少年たちが務めた。五〇〇メートル四方のキャンプは、じっくり説明を受けながら歩いても一時間でゆうに回れる。ここに一万人以上が暮らしているというのは、たいへんな人口密度である。特に路上でかけ回る子どもたちが目につく。

歩き出してまず見えたのは、建物からさげられていた中学生くらいの少年が描かれた二メートル四方の大きな肖像画だった。この建物は、インティファーダで誰かが亡くなると、人びとが集って追悼する場所だという。そこに描かれていたのは、最近のインティファーダで亡くなった少年だった。モトユキは、いきなりガツンと何かに殴られたような気がした。ここでは自分たちと同じか、それよりもっと若い子たちが次々に死んでいく話がいくらでもあった。

歩いていると、ほとんどの家屋の屋根にタンクが設置してあるのに気がついた。これは、イスラエルによっていつ水の供給を止められても対応できるようにした貯水タンクだという。もともと水はこの地域ではとても貴重なものだったが、占領された後、水資源は完全にイスラエルに握られてしまっている。ふだんから西岸の水資源の八〇％はイスラエルが使用していて、パレスチナ側は二〇％しか使えない。キャンプでは二、三週間ずっと水が出ないこともよくあることだ。また二週間に一回、水を運んで来ることになっている給水車も、予定通り来ることが少ないので、あてにならない。そしてインティファーダの時にはイスラエル側に供給が止められ、非常に高い値段で買わなくてはいけなくなってしまう。パレスチナの自治地域であるにもかかわらず、イスラエルに支配されている水資源。この問題は、交渉の際もポイントになっている。

教育についても説明を受けた。キャンプ内には、国連が創立した小・中一貫の学校（九年制）

イスラエルに水が止められても対応できるように、屋根に設置された貯水タンク

が、男子校・女子校のそれぞれ一校ずつある。各校千人ずつで、一クラスは五〇人。九年間はキャンプ内の学校に通うことができるが、義務教育は一二年間とされているので、高校はキャンプ外のベツレヘム市内まで通わなくてはならない。そのためいくつもの検問を通過する必要があることや、貧困などを理由に、実際は義務教育を完全に受けることは困難になっている。

キャンプ内の学校はイスラエルとの衝突により、休校・開校を繰り返していた。また、学校はコンクリートの壁に囲まれていたが、これはイスラエルとの衝突時に子どもたちが興奮してイスラエル兵に向かっていかないように、先生たちが処置をしたものである。

医療の問題もある。キャンプ内に診療所は一つだけで、内科医一名と看護婦二〜三名で運営している。

一日一六〇名も診察するので、診察時間は一人あたり二分というきわめて短い時間になる。診断と処方箋は無料だが、薬は非常に不足している。産婦人科、外科、歯科は週に一回訪問医が来て診察してもらえるが、診察時間はやはり二分ほどで、とても十分な環境とはいえない。

その他の病気や手術となると、キャンプ外の病院へ行くしかないが、高額の医療費がかかるだけでなく、実際に通院すること自体が困難な状況である。キャンプ外の病院はエルサレムかカルキリアという町にあるが、そこへ行くまでに検問がいくつもあり、行くことは不可能に近い。

※コンクリートのキャンプ

「難民キャンプ」といっても、テントがあるわけではない。ほとんどが灰色のコンクリートでできた建物だった。作りかけのまま、壊れているものもある。第一次中東戦争の一年後の一九四九年から、国連はテントの代わりにシェルター（コンクリートの箱のようなもの）を作り始めた。難民が故郷に帰還できるメドが立たないため、難民キャンプを居住地とさせる目的だった。

確かに、シェルターはテントよりは「マシ」な救援物資だった。シェルターをもらえる前の年の冬は非常に寒く、テントの中でかなりの老人や子どもが死んでいった。しかし、新しく与えられたシェルターも、人間らしい暮らしを送るためには全く不十分なしろものだった。タテ、ヨコ三メートル四方のサイズのシェルターは、一家族に一つずつ割り当てられ、その中で平均八人く

国連がテントがわりに支給したシェルター

らいの家族が暮らしていた。トイレの数は二五シェルターに一つという、劣悪な状況だった。

それから五〇年たった現在、住居はシェルターから自らの手で建てた家に変っていた。しかし彼らがそこでじっと耐えて、故郷に帰れる日がくるのを待っていることに変わりはない。

ある家の壁に落書きがしてあった。そこには、UN（国連）のマークの入ったテント群の絵が描かれていた。その上に彼らが難民となった年である「1948」の数字。その絵は当時のディヘイシャ・キャンプを描いたものだった。

はじめてパレスチナのキャンプを訪れる人は「難民キャンプっていうから、テントがあるのかと思ったけど、意外としっかりした町だった」という感想をよく口にする。しかし、「建物がコンクリートになった」からといって、あるいは「思っていたよりモノがある」からといって、彼らの苦難は軽減されているのだろうか？　中東問題専門家の高橋和夫さんはこう考えている。

「パレスチナの難民キャンプには、キャンプと聞いて想像するテントがない。ほとんどの建物はコンクリートでできている。だからはじめてきた日本人は『ちっとも難民キャンプらしくない』と感じることになる。しかし実はここにこそ問題がある。半世紀も生活していて、いつまでもテントで生きていけるわけはない。半世紀たってテントがコンクリートの家になっても、故郷に帰ったパレスチナ人はいまだに一人もいない。この長い時間の間にパレスチナ人の悲しみが、あたかも凝固してコンクリートになってしまったかのようである」。

コソボから来たケイは、特別な思いでこのキャンプを見てまわっていた。ケイにとって「難民」とは、主にコソボ難民のことだった。先に触れたように、ケイの出身地コソボでは、セルビア人勢力の攻撃やＮＡＴＯの空爆で、一〇〇万人近くの難民が発生している。しかし戦争が終わるとびっくりするような速さで戻ってきた。実際に難民の帰還を見てきた彼は、難民問題を楽観的に考えるようになっていた。しかし、パレスチナでは異なる現実があることを知ったと言う。

「この現実を知って、今までどんなに自分が無知であったか、そして世界中の人が無知であったか思い知らされた」。

五〇年以上も難民のままでいる人びとが、五〇〇万人もいる。しかもこれから彼らが故郷に帰れる可能性は極めて低い。

「パレスチナの難民は永遠にそこに住んでいるかのように見えた。コンクリート住宅、人びと、往来、そこにある全てのものが、どこにでもある住宅地のようにさえ見えた。だが、何かがひどく間違っていた。大多数の難民は、生まれたときからずっと難民生活を送っているのだ！」。

コソボでＮＡＴＯ軍が軍事介入をしたのは、「コソボに住むアルバニア人の人権を守り、彼らを帰還させるため」という理由だった。ところが、同じ状況にあるパレスチナ人に対しては何の努力もされていなかった。

※「有名な道」

よく見るとあちこちの壁に、さまざまな絵や文字が書かれていた。ただの落書きではなく、何かを訴えようとしているものだった。丸腰のパレスチナ人を撃ち殺す完全武装のイスラエル兵の絵と「彼が何をしたっていうんだ！」の文字。平和の象徴であるハトが描かれた絵もあった。

参加者の千崎《せんざき》カスミは、グループから遅れそうになりながらも、何度も何度も立ち止まって壁に描かれた絵や文字を見ていた。彼女はそこから、キャンプの人たちの訴えを読み取ろうとして

自分の家に帰る夢を込めて描かれた、鍵と鍵穴の落書き

いた。カスミは、このツアーへの参加には相当の緊張感で挑んでいた。パレスチナ側の地域に来るということは何が起こるかわからないリスクをおかすものだったからだ。しかし実際にキャンプに来てみて、「なんだ、こんなものか」と拍子抜けしていた。子どもたちは笑顔だった。思っていたよりも物があったし、難民キャンプと言ってもちょっと見るとふつうの町のようでもある。そして何より、キャンプに危険な雰囲気はなかった。実は平和なんじゃないかとさえ思えた。しかし、これらの壁の絵や文字が、カスミの心にゆっくりと突き刺さってきた。「自分はいま、難民キャンプにいるんだ」。彼女は改めて認識したという。鍵と鍵穴が大きく描かれた絵もあった。しらべさんは、「鍵」は彼らが自分の故郷に帰る象徴なのだと言う。

「誰もが、まさか四世代も難民でいるなんて思ってませんでした。単に戦闘から逃れるために自分の家の鍵だけを持って、ほとんど荷物を何も持たずに出てきたんですよ。今でも難民キャンプの家に行くと、みなさん当時の家の鍵をまだ大事に持っていて、『これが自分たちの家の鍵なんだ』と見せてくれるんです。鉄製の大きな鍵を持って、『こんなキャンプにはいつまでもいられない、私は自分の家に帰るのが夢なんだ』っていうことをおっしゃるんです。その鍵を持って自宅に帰れる日を、彼らは待ち望んでいるわけです」。

彼らの家の多くは、いまはもう地上に存在しない。持ち主が出て行った後、家は取り壊され、その土地に建設された新しい家にはイスラエル人が住んでいる。しかし彼らは決して鍵を手放そうとはしない。それは、自分たちが故郷に帰る権利を決してあきらめないという意味でもある。

壁の落書きがとくに多く描かれた一角があった。そこは、インティファーダのとき一度に一六人が殺されたことで「有名な道」と呼ばれていた。ここにたくさんの絵や文字が書かれたのは、二〇〇〇年にローマ法王がこのキャンプを訪れたことに関連している。住民の多くは、そのとき法王が歩くと予想されたこの道に自分たちのメッセージを描けば、法王とともにやってくる世界中のたくさんのメディアが取材してくれるのではないか……と思ったのである。逆にいえば彼らは、そのようなことでもなければ、自分たち難民の思いを伝えてくれるメディアなどないことを、痛いほどよく知っていたのだ。

ガイド役の少年が「そんなわけでここは『有名な道』って呼ばれてるんだよ」と言ったのを聞

いて、カスミは疑問に思った。『有名な道』ってなんか抽象的だなぁ」。彼女はその道の正式な名前を知りたかったのだが、標識はどこにもなかった。カスミが、ごく当然のように道の名前を聞いてみると、少年はこう答えた。「ノー・ネーム」。この道だけでなく、キャンプ内の全ての道には名前もなく、番地もなかった。

「道に名前なんてないさ。僕たちは生まれてからずっとここで暮らしているけど、それでもここは一時的に避難してきた仮の場所なんだ。いま住んでいる家だって、救援物資なんだから自分の家だなんて思っちゃいないよ。わかってると思うけど、僕たちはみんな自分の故郷に帰りたいんだ。こんなところに永久に住もうなんて思ってるやつは一人もいないよ。だからここには住所もないし、道の名前もないんだ」。

五〇年住んでいようと、生まれてからずっとここで育っていようと、彼らにとってここはあくまで「仮の避難場所」にすぎなかった。住所があることも、通りに名前があることも当たり前だと思っていたカスミは、難民キャンプの人びとの気持ちを思い知らされた。テントが見当たらなくても、どんなに立派に見えても、ここは「難民キャンプ」に他ならなかった。

※イブダの子どもたち

参加者たちは次いで、イブダ文化センターを訪問した。イブダとは、アラビア語で「無から有

ディヘイシャ難民キャンプの子どもたち

へ」という意味だ。このネーミングはここでの教育方針を表していて、難民生活を続けてきたパレスチナ人の歴史を教え、子どもたちに力強く育って欲しいという願いが込められている。

しらべさんはイブダ文化センターを案内しながら、このキャンプの子どもたちの話をした。

「いま、ディヘイシャの人口の五〇％以上が一五歳未満の子どもなんです。キャンプの中には子どもがいっぱいなんですけど、みんなやることがなくて、汚い路地裏で遊ぶしかないのです。だから、イブダ文化センターが開いたと聞いて、子どもたちは毎日嬉々としてやって来ています。小さな建物のなかにたくさん教室があって、お絵かきでも写真教室でも何でも喜んでやっているんですね。イブダに来ている子どもと来ていない子どもとでは、はっきり違いが出ています。来ている子たちは自信を持って積極的に何にでもチャレンジしますが、来ていない子たちは道端で喧嘩したり、石ころを投げたりと、ちょっと投げやりなところがあります。本来ならこういう施設は国連が運営していかなければいけないと思うんですけど、予算が足りない。だからイブダはゼロから住民が頑張って作るという形で始まったプロジェクトです」。

ここで質問が出た。このキャンプの人口を考えると、受け入れることのできる人数が限られているんじゃないかというものだった。

「もちろん来ることができない子どももたくさんいます。そのためにもセンターを拡大しなければいけないんですけれども、他にも理由はあります。その一つとして宗教があるんですね。イブダでやろうとしていることの一つに、男女同権を教えていこうというのがありますが、キャンプの人たちはほとんど農村の人たちです。彼らは都市と比べると保守的な考えの層で、女の子は外に出てはいけない、家にずっと閉じこもっていなさいという考え方をしています。学校には行かせてもらえるけれども、外に行って何かするのはとんでもないという社会なんです。

イブダは男女同権で、女の子も男の子も一緒に音楽やりましょう、工作やりましょうという方針です。それに対して、宗教を強く信じている家庭の方たちから反発がありました。だからその家の子どもたちはやっぱりイブダには来ないですね。伝統的な社会とはかなり異質なことをやっていますので。ただイブダの理念としては、人口の半分の女性を押さえつけていたのでは、パレスチナは強くはなれないということで、女の子も一緒にやっています」。

イブダ文化センターには、小さいながらもパソコン六台を置いているコンピュータ室があり、イブダのホームページも開設している。他にも図書館やゲストルーム、多目的ホールがあり、屋上にはこのキャンプが一望できる展望レストランが最近できた。建物自体できたばかりなので、非常にきれいだったが、特にこのレストランはここが難民キャンプであることを忘れさせるくらいきれいで立派だった。一行はこのレストランで、伝統的なパレスチナ料理のもてなしを受けた。

しかし食事が始まってからも、カスミはさっき聞いた「ノー・ネーム」という少年の言葉が頭から離れなかった。食事中に郵便の話になったが、住所はなくとも「ディヘイシャ・キャンプ」とだけ書いて送れば、ここへ届くようになっているという。住所もない暮らしを想像することは難しかったが、それがここの現実だと自分に言い聞かせていた。

一方モトユキは、平和そのものの食事風景にすっかり安心しきって食べまくっていた。長身の彼は落ち着きがないだけでなく、人一倍食いしん坊だった。「うーん！　おいしいよね、これ」いつものように、長い手を伸ばして隣のテーブルのおかずまで食べている。

キャンプを案内していた少年は、野菜を挟んだパンをほおばりながら、この眺めのよい場所から何が見えるかを教えてくれた。先日あそこの山の入植地から砲撃があって何人が死んだ、あの高台には監視塔があってディヘイシャが監視されている、といった話だった。「俺たちもきっと監視されているんだなぁと思うと、急に怖くなってきたよ」、モトユキは現実に引き戻された。

※ひとつのおもい

昼食後、多目的ホールで子どもたちとの交流会が行われた。キャンプの中でのイベントは本当に少ないので、この日とばかりに会場に入りきれないほどたくさんの子どもたち、大人たちがつめかけた。ピースボートからの参加者も入れると三〇〇人くらいになっただろう。そのときカスミは、ホールの天井を見つめていた。天井には彼らの故郷の村々の名前や、たくさんの難民キャンプの名前がペイントされていた。「人びとの帰りたいという気持ちが伝わってきた」と言う。

いくつかのスピーチの後、モトユキたちチーム・ユネスコのダンスの出番がきた。約三〇人のメンバーが緊張した面持ちで前に立つ。これまで、この日のために練習してきた。子どもたちに見てもらいたいという気持ちは、誰もが強く持っていた。しかし難民キャンプの厳しい現実を見せられた後でいよいよ本番となると、ためらう気持ちもあったとモトユキは言う。

「こんな状況で暮らしている人たちの前で、ホントに踊って僕らのメッセージが伝わるのかなぁ、みんな喜んでくれるのかなぁという思いもあったんだ」。

平和のために何ができるのか、これまで自問自答してきた努力の成果が試されるときだった。はじめ激しいリズムで始まったダンスは二〇分ほど続き、静かなリズムで締めた。最後の曲は、途中（ケニア）で下船したミュージシャン、寿［kotobuki］の歌『ひとつのおもい』（作詞・作曲　宮城善光）である。

私のひとつのおもいを
あなたのひとつのおもいを
揺るぎないおもいを胸にもち
この道を進もう……

どんなにこの道が困難に
まどわされる日々が続いても
揺るぎないおもいを忘れねば
この道を進める……

ひとつのおもいを

イブダの子どもたちと交流する「チーム・ユネスコ」のメンバー

ひとつのおもいを……

チーム・ユネスコの小鍋《こなべ》タクミは、踊りながら子どもたちを間近に感じていた。激しい踊りのときはとにかく必死だったので周りを気にしていられなかったが、ゆったりとしたこの曲になって、小さな子たちがすぐそばまで迫って自分たちを見つめていることに気づいた。タクミは、ここに来る前の船内で平和についての議論になったとき、こう思っていた。自分たちが踊ったからって「すぐ平和になる」なんてありえない。そんな大それたことができなくても、少なくとも自分たちを待っていてくれる人がいる。だからその子たちが楽しんでくれればそれでいいじゃないか、と。そして、平和について考えるきっかけさえ与えられていないというパレスチナの厳しい生活の中で、もしかしたら自分たちの活動が何かのきっかけになるかもしれない、そんな思いを持っていた。

タクミのすぐ前にいた男の子が、目を大きく見開いて自分たちのダンスを不思議そうに見つめていた。吸い寄せられるようにその子と自分の視線が合わさった。それを示すためにウインクしたら、少年もウインクを返してくれた。とたんに、タクミの目から思わず涙がこぼれた。彼はそのとき、こう思った。この子に二〇年後はあるんだろうか？　あるとしたら、きっと今とは違った状況であって欲しいと……。

「子どもたちには娯楽がない」と聞かされていたチーム・ユネスコのメンバーは、もっとすごく盛り上がって喜んでくれるのかと思っていたが、予想に反して子どもたちは声もあげずに見入っていた。ダンスを見つめる子どもたちの表情は、真剣そのものだった。娯楽としてでなく、もっと別の気持ちで見ていたのかもしれなかった。タクミやサッちゃんは、他の国で踊ったときとは全然違う、切実な子どもたちの目が忘れられないと言う。

続いて、イブダの子どもたちが踊る番になった。男女混合の舞踏団が結成されたのは一九九四年。伝統的なパレスチナの踊りを踊りながら、パレスチナ難民の歴史と苦難をメッセージとして伝えている。これまでヨーロッパ各国とアメリカで公演を行ってきたという。平均年齢は一四歳くらいで、優等生が推薦されるシステムであることから、子どもたちの憧れの的だという。

踊りは、「占領される前の平和な暮らし」→「占領に苦しむ人びと」→「パレスチナ国家の建

パレスチナの「国旗」登場

設を目指して奮闘する人びとの姿」と展開した。鎌を持って楽しげに農作業をするパレスチナの人びとは、突然現れた黒頭巾の一団に痛めつけられ追い払われるが、再び立ち上がる。そんな物語だった。占領を振り払い、パレスチナ国家の建設を目指す象徴として、横幅は二メートル以上もある大きな「国旗」が翻《ひるがえ》された。国を持たないパレスチナの「国旗」の登場に、集まった人びとの盛り上がりは最高潮を見せた。少年はその大きな旗を、ちぎれるくらいに振りつづける。

オスロ合意までは、この旗を持っているだけで「危険人物」とみなされて投獄された。彼らにとってパレスチナの「国旗」は、いろいろな思いの詰まった独立と故郷のシンボルなのだ。

最後はパレスチナの「国歌」だった。ピースボートのチーム・ユネスコのメンバーは、歌詞はわからなかったが、前に出てパレスチナの子どもと肩を組んだ。サッちゃんは隣の女の子と手をつないでいた。「この歌の意味は?」と訪ねると、その子は「私たちの国の歌なの」とだけ答えた。聞かれて、ちょっぴりうれしそうだった。彼女たちの故郷に帰りたいという思いが叶えられるのはいつの日になるのか、誰にもわからなかった。しかし、モトユキたちはその気持ちを、少しだけ感じとることができたような気がしていた。

交流会の最後に、子どもたちからメッセージをもらった。その中には、ピースボートの訪問を喜んでくれたこんなメッセージもあった。

「パレスチナのことを気にかけてくれる人がいるということは素晴らしいことです。僕は世界の他の人と同じように生きたい。夢は自分の国を持つことと、世界を旅することと、他の人たちを助けることです」。

自分の国を持ち、世界を旅しているサッちゃんやタクミたち。「他の人を助ける」なんて、大それたことはさておいても、彼らの思いは子どもたちに届いたのかもしれない。

V　そして旅は続く

国際学生との最後のイベントが終わって記念撮影

1　つながる道

《彼女みたいにな子には今まで会ったことがなかった。彼女は、僕たちには何かができると信じている。僕にとって唯一の「信頼できるイスラエル人」です。》（ラミ・ナセルディィン）

《今までの私には、彼ほど個人的に親しくなったパレスチナ人がいなかったの。そんなチャンスって、イスラエルにいたら滅多にないんだもん。特にこんな状況じゃあ難しいよ。そりゃあ、お互いに辛い気持ちも、恐れも、疑念も、緊張もあったよ。でも今はもう、何を話しても正直になれる。ラミは私の友だちの中で一番であり、パートナーです。》（ケレン・アサフ）

※アメリカが何をしているのか?

オリビア号がパレスチナを出航してから地中海を抜けるのは、あっという間だ。船旅はまだまだ続き、日本からの参加者はこのあと中米やカナダなどを巡って行く。しかし国際学生たちは、スペイン領のカナリア諸島で下船しなくてはならなかった。

下船する日まで、あと一〇日となっていた彼らはみんな、新しくできたオリビア号という家や六〇〇人の家族たちと別れるのが寂しくなっていた。アレックスはデッキで海を見つめながら、あと何日船にいられるか指折り数えていた。そして日本人の友だちが通るたびに「あと何日しかいられないんだ。どうしたらいい？」と訴えてきた。もしかしたら自分が日数の計算間違いをしていて、思っていたより長く乗っていられるんじゃないかという期待を込めて……。

船内での国際学生たちは、自分たちがレクチャーを行ったり、バイリンガル新聞を作るといった活動をする他にも、大事な経験をしていた。自分たち自身が学生として世界のさまざまなことを学んでいくことだ。彼らは寄港地での体験や世界各地のゲストが話す講座によって、今まで知らなかったことをたくさん見聞きしている。

ベトナムではベトナム戦争中に使われた枯葉剤の影響が今も残っていることに驚いた。アレックスやケイは最近のＮＡＴＯによる空爆によって、自分の国に使用された「劣化ウラン弾」という兵器を思い浮かべていた。この兵器は敵軍を攻撃するだけでなく、使われた場所に放射能を拡散させる。アメリカをはじめとするＮＡＴＯ軍は「アルバニア人の人権を守る」という名目で空爆を行ったが、それなら、なぜ空爆が終わっても毒物として残り続け、ケイたちアルバニア人自身の命もおびやかす兵器を使ったのだろうか。

ＮＡＴＯの戦略に詳しいドイツ人ジャーナリストのアンドレアス・ツマフと、劣化ウラン弾の研究をしているボスニア出身の女性ジャーナリスト、ヤスナ・バスティッチは、アメリカがコソボの紛争に介入した本当の理由は「アルバニア人の命を守るため」ではなく、その地域での利権をかねてから狙っていたためだと論じた。

国際学生のプログラムも残り少なくなったころに乗船してきたヤスナは、劣化ウラン弾だけでなく、ユーゴ紛争全般についてのスペシャリストでもある。彼女自身、ヤンの父親が経験したような包囲下のサラエボで暮らし、そこから脱出してその過酷な現状を世界に伝えるためにジャーナリストになった。ピースボートとは一九九三年から関わり始め、今ではゲストスピーカーとしてだけでなく、スタッフの仕事をすることが多くなっていた。実は、今回の国際学生プログラムの生みの親でもある。どのような若者を選ぶかといった構想段階から関わり、実際に旧ユーゴからの四人を選んだのもヤスナだった。

彼女は言う。「人が『敵同士』って呼ぶ二つの側から人を連れてきて、船上で彼らが友だちになるなんて、素晴らしいことじゃない！　ピースボートの友好的な雰囲気と、何でもやろうという精神あふれるスタッフと、問題をどう説明すればいいかをよく心得ているゲストたちがそうさせるのでしょうね。これが、私がピースボートで一番好きなところ」。

ラミはこれらの講座で「アメリカがいかに自国の利権を優先させて動いているのか、そして『世界の人を助けるため』と言って彼らが使う武器がいかに残虐なものなのかについて、自分の考えを確信できた」と言う。ラミは他の地域の紛争を見ることで、世界中のいろんなことがつな

トム・ハイランドと寿[Kｏｔｏｂｕｋｉ]。ピースナイトで

がって見えるようになってきていた。自分たちがなぜ苦しみつづけているのかが見えてきたといってもいい。パレスチナで、パレスチナ人を殺すために使われるイスラエル軍の武器もまた、ほとんどアメリカ製のものだった。

※世界を変えた男

多くの船上講座の中で、ラミが最も強い印象を受けたのは、東ティモールについての話だった。今回のクルーズで訪問はしなかったが、ピースボートは騒乱から一年後の二〇〇〇年のクルーズで立ち寄り、復興を目指す人びとと大規模な交流を行っている。たった二日の滞在にもかかわらず、参加者は普通の国では感じない熱気を感じとっていた。東ティモールの港、ディリからオリビア号が出港する際には、驚くほど大勢の人が見送りにきてくれた。ピースボート史上最大ともいえる現地からの熱い見送りだった。少なくとも三〇〇人以上はいたはずだ。

今回、船上講座で東ティモールの支援運動の話をしたのは、アイルランド人のトム・ハイランドというNGO活動家だった。彼はアイルランドでバス・ドライバーをしていた市民だが、テレビでたまたま東ティモールに関する番組を見たことで、人生が大きく変わることになった。

東ティモールでは独立を願う少数民族がインドネシア政府に弾圧され、大量虐殺事件が頻発していた。それに対し国際社会は無関心な態度をとっていて、虐殺を扇動した側であるインドネシア政府を支援している国も多かった。トムの国であるアイルランド政府は、このインドネシア政府を支援する側に立っていた。それを知って彼は大きなショックを受けた。「こんなことが許されていいのか」、何かしなくてはと思ったトムは仲間に呼びかけて、この問題を変えていこうとするNGOを創設した。メンバーのほとんどは、アイルランドの中でも貧しい層に属していた。

当初、マスコミを含めて周囲の反応は冷ややかだったという。「何の権力もお金もない、自分たちの暮らしもままならない人たちが、そんな遠く離れた国のことを変えようとしてもムダだよ」「自分たちに関係のない人びとを心配するよりも、自分の地域でゴミ拾いするとか、もっと身近なアイルランドの貧しい人びとを救うとか、やるべきことは他にもあるだろう」などと言われたりもした。しかし彼は自分の信念を貫いて活動を広げていく。

「東ティモールの人びとと私たちは、一見関係がないように見えるかもしれないが、実は世界はどこかでつながっていて、私たちと関係のない人びとなんて世界にはいないんだ。今殺されている人びとを何とかしなければならない。いずれ私たち自身も同じ目にあうかもしれないが、そのとき世界が自分たちを見捨てたらどんな気持ちになるだろうか」と。

彼のNGOのさまざまな活動は実を結び、アイルランド政府を動かしただけでなく、他のEU諸国にもこの問題の重要性を気づかせた。ヨーロッパの国々はしだいにインドネシアへ圧力をかけるようになっていった。トムはそういった活躍によって、一九九六年のノーベル平和賞にノミネートされたほか、アイルランドでもさまざまな賞を受賞している。しかし彼は、冗談交じりにこう言う。「私は今でも普通の市民で、バス・ドライバーをやめた失業者なんです。ピースボートを降りたら職を探さなくっちゃいけない。だからそんな私がしてきたことは、皆さんにもできるんですよ」。

東ティモールでは独立をめぐる住民投票のあと、再び虐殺の嵐が吹きあれたが、国際社会の力によって暫定的な自治を行い、独立を目指した国づくりが行われている。戦禍が過ぎ去って復興し始めたばかりの東ティモールでは、たくさんの犠牲者を悼みながらも、人びとが希望をもって暮らす第一歩を踏み出した。

ラミは、パレスチナと東ティモールの状況を重ねて考えていた。彼らのように自分たちも独立を目指している。しかしこれ以上虐殺が起きるのは困るし、国際社会はパレスチナの状況には無関心だ。独立について、虐殺について、国際社会の関わり方について……さまざまなことが、非常に現実味をもって迫ってきた。ラミにとってトムの話が印象的だった理由は、東ティモールの人たちの話が、自分たちパレスチナ人の状況と同じか、もっとひどいものに思えたからだ。

トムはいつもパイプをくゆらせて、いたずらっぽいウインクをよこしてきた。ラミはそんなトムが大好きだった。ラミは、彼がよくこう言っていたのを思い出す。「そう。私たち普通の人間でも、世界を変えることはできるんだよ」。

※紛争地のひこ星と織姫

国際学生たちがオリビア号を降りる予定のカナリア諸島に到着する日まで、あとたったの五日に迫った七月七日の夜。船上では彼らのお別れ会も含めて、七夕祭りがデッキで開催された。お祭り好きのピースボートは、七夕にちなんでフィーリングカップルのイベントを行った。そして、お別れとなる人たちのために、これまでの船内や寄港地での一コマ一コマの写真を、大きなスクリーンに映し出す星空スライドショーの上映もした。

ラミは、エマと手をつないでスライドをじっと見ていた。ラミのいなかった横浜の出航、のど自慢大会やケレンとの船内講座、ピースナイト、パレスチナ訪問。たった一か月ちょっとというのに、たくさんのことがあって、国を出たのが遠い昔のように感じられた。

そのあと、それぞれが願い事を短冊に書いて、大きな笹にぶらさげた。モトユキやサッちゃんたちのチーム・ユネスコは、この日のためにディヘイシャの子どもたちからもらったメッセージを短冊につけた。テーマは自分の夢について。一番多いのは、故郷に帰りたいという願いだった。

「私はディヘイシャに住んでいるカルメルです。一度でいいから自分の故郷を訪れるか、そこに住むことができたらいいな」「自分の故郷の村で死んで、葬ってもらいたい」……。

小学生くらいの子が、自分の死について書いていた。それほど、死と隣合わせの生活をしているからなのかもしれない。「戦うことなしに生きていきたい」という願い事もあった。生まれたときから紛争に巻き込まれている子どもたち。戦うことなしに生きていける世界は、彼らにとって今のところ夢でしかない。そういった中でも、モトユキが最も印象に残っている願いは次のような内容だった。

「僕の夢は世界の他の子どもたちと同じように生きることです。恐怖にさらされることなく生きたい。どうして他の子どもたちはすてきな人生を生きているのでしょうか。どうして僕たちよりも幸せなのでしょうか」。

山田しらべさんは、パレスチナの子どもたちもテレビやインターネットを通じて、他の世界のことをよく知っていると語る。

「自分たちはとても貧しくて暴力的な日常を暮らしているけれど、他の国の子どもたちが何を持っているのかということがはっきりわかっているんです。特に舞踏団に参加して他の国に行った子どもたちは、実感として、外の世界にあるものと自分たちにはないものがわかっています。それって、すごく痛々しいんですよ」。

「どうして自分たちだけが幸せではないのか」。世界のことを知れば知るほど、彼らにはわからなくなるこの問いを、次の世代の子どもにまで引き継いでしまうのだろうか。

何人かの願い事がマイクで読み上げられた。七夕だけに、大切な人にあてたメッセージもあった。家族へのメッセージ。遠く離れた所にいる恋人へ。そして船で出会った好きな人へも……。その中に、ラミのメッセージもあった。ラミにとって船旅が終わるということは、エマとの別れを意味していた。普通の国ならまだしも、移動すらままならないパレスチナ人にとって、外国に恋人を持つというのはかなわない夢だった。彼女を自分でも信じられないほど好きになってしまったラミは、現実とのギャップに苦しんでいた。二人には船を降りてしまったら、次に会えるという保証はない。短冊にはこうあった。

「クロアチアのキミへ。たとえば今、キミのことを好きだといっても、全然足りないよ。僕の気持ちはそんなものじゃないんだ。船で過ごす残りの日々は、僕の人生で一番美しいものになるはずだ。僕はキミのことを絶対に忘れない。離れ離れになっても、何が起こっても、キミのことを愛してる」。

ラミにとって、この船で得た一番美しいものは、エマと出会ったことだった。そして、今一番辛いことも、彼女と離れなければならないという運命を知ったことである。

その夜は、みんなで大騒ぎして飲んで歌った。しらべさんやケレンたちは音楽に合わせて激しく踊っていた。ラミも、エマやみんなと一緒にはしゃいでいた。あと少しでこの魔法のような楽しい空間を去らなくてはならないという実感は、あまりわかなかった。しかし、別れのときは確実に近づいてきていた。

パレスチナのやんちゃなひこ星と、クロアチアのちょっぴり優等生の織姫。彼らは船の上で出会い、そしてもうじき離れ離れになってゆく。二人が次に会える日がいつなのかは、誰にもわからなかった。ただ二人の頭上には、まばゆいばかりに満天の星が輝いていた。

❊同じ人間として

ラミたちが下船する前日、国際学生による最後のイベントがあった。この船で得たものについて話す企画だ。彼らの最初の出し物は、何と「男と女のラブゲーム」だった。そういえば、彼らがはじめて企画したイベントでもこの歌を歌っている。あのときはラミはいなかったので、急いで覚えたんだろう。遊ぶことが大好きなラミが喜々として歌詞や振りを覚えたことは言うまでもない。凝ったプレゼンテーションが続いた後、一人ずつ平和へのメッセージや船で感じたことを発表した。まずは旧ユーゴ、ボスニアのヤンから話し始めた。

「残念ながら私の国は数年前の戦争で有名になってしまいました。しかし、私たちの例を見ていくことで、戦争とは何か、そして同じ間違いを繰り返さないために何ができるのか学んでいけるはずです。世界中で起こった悲惨な体験を忘れないで、みんなで協力して平和を創り上げなければなりません。さまざまな利害関係があって簡単にはいかないことでしょう。しかし私はピースボートに乗って、みんなで力を合わせればきっと平和を創ることができると確信しました」。

戦後の復興に向けてようやく動き出したボスニア・ヘルツェゴビナで、彼のような若者が担う役割は少なくない。

バイリンガル新聞のケイ。出身地のコソボは、今も暫定自治という不安定な立場のままだ。

「ケイです。赤道祭のバナナ早食い大会の優勝者です」。

ドッと笑いが起きた。

「この船ではいろんなことを学びました。たくさんのワークショップでは、私たち一人ひとりが、変化を起こす可能性を持っているのだということを知りました。また、自分たちの国のことでも知らないことがたくさんあるんだと気がつきました。それからクロアチアの町があんなに美しいなんて思わなかったけど、それについてはラミの方が詳しいので譲ります」。

ラミがエマとつき合っていることを知っている人たちには大うけした。一番大喜びしていたのはラミ本人だったが……、ケイは続けた。

「船に乗る前、日本の人たちや日本の文化は自分たちの知っているものとは全く違っていると思っていましたが、今は実はそんなに違いはないのではないかと思っています。みなさんと一緒にほんの少しの間すごしただけで、地元の友だちや近所の人と同じように思えてきました。今ではこのオリビア号を、自分の家のように感じています。次の港で私たちが降りた後、船が遠ざかっていったらすごくつらいと思います」。

彼は、今も民族対立の火種が残るコソボに帰ってゆく。

「コソボに帰ってからは、身近なところから少しずつ、アルバニア系住民とセルビア系住民の間の和解に向けて努力していきたいと思っています。私たちは、お互いを認め、尊重し合っていかなくてはいけません。お互いを尊重するために必要なことは、みんなが同じように考え、感じることではありません。自分と異なる文化や生活、考え方に対しても心をひらき、わかり合おうとすることが最も大切なことなのです。そうすることが、私たちをよりよい未来へと導いてゆく鍵だと思っています」。

次はセルビアのアレックスだ。

「過去一〇年間、私の国ではずっと戦争が続いていました。そして残念ながら、私は戦争の中で暮らすということがどのようなことなのかを経験しました。そして戦争とはどんなに悲惨で、平和でない状態というのがどんなものであるかについてみなさんに伝えようとしました。船を降りてからも、その試みは続けていきたいと思っています。僕は自分の国では、平和に暮らすということがどういうことなのか、考えるゆとりさえありませんでした。平和の中で生きてきたみなさんと一緒に過ごすということは、僕にとって貴重な体験となりました」。

平和の中で生きる。日本の若者にとって当たり前の日常を、彼らは「貴重な体験」と感じていた。二〇〇〇年に独裁政権が倒れて、これから戦争のない国をめざして動き出したセルビア。そこで彼は法律家を目指して頑張るつもりだ。

クロアチアの織姫、エマ。彼女が着ていたのは、パレスチナでラミの実家を訪れたときラミのお母さんからもらったパレスチナの民族衣装だ。服には、伝統的な赤い刺繍《ししゅう》が入っていた。

「だいたいみんなに言われちゃいましたけど、私もピースボートでの体験を経て、これまで以上にボランティア活動やNGOに関わっていこうという気になっています。将来ピースボートと協力して何かプロジェクトをやりたいなぁとも思っています。私にとって平和とは、自分と逆の立場にいる人たちのことを自分のことのように考えることができない限り、やってこないものだと思います。だから、『自分がされて嫌なことを他の人にしてはいけない』ってことですね」。

ラミの番がきた。

「船に来たとき最初はすごく怖かったよ。六〇〇人も日本人がいるし、その上大嫌いなイスラエル人も乗ってるんだもん、すぐに帰りたかった。でも今は楽しくて仕方がない。寝る時間がもったいなくて、このごろはほとんど寝てないんだ。自分にとってピースボートは学校であり、新しい家族でもある。僕はこの船と優しい日本の人たちをとても愛しているんだけど、日本食だけはどうしても好きになれなかったよ」。

そういって舌を出した。パレスチナで伝統料理をうれしそうに食べていた彼の様子は、みんなが見ている。よほど恋しかったのだろう。

「僕がこの船に乗ってはじめて経験したことはたくさんある。昨日数えてみたら一七個にもなった。アラブ以外の外国に出るのもはじめてだし、もちろん汽車や船に乗るのもはじめてだった。でも僕にとって何より大きかったのは、イスラエル人のケレンと握手したり、彼女と紛争について話し合ったこと。僕は今まで『平和的な解決策』なんて考えたことはなかった。イスラエル人とうまくやっていくなんてことはありえないと思ってた。でもピースボートに乗って、僕は変わった。僕たちは同じ人間で、一緒に世界を平和にすることができると信じてる」。

そしてラミがはじめて握手をした「イスラエル人」の、ケレンが話す。

「私の国イスラエルでは、人びとはパレスチナ人のことをよく知りません。そんな状況で政治家が、パレスチナ人はイスラエルの敵なのだと思わせることは簡単です。しかし、私たち一般市民が、違うバックグラウンドを持っていても、結局は誰もが同じ人間なのだということに気づけば、世界を変えられると思います。ピースボートは、世界中から来た人たちが出会い、友人になれる貴重な場です。ここで私たちは、人びとが国籍や敵対関係を越えてわかり合えるということを学びました。これから私たちは自分たちの国に戻ります。私たちはそこにピースボートのような場を作っていきたいと思っています。ラミとも助け合って、イスラエルとパレスチナの人びとの架け橋になっていきたい。そのような光景は残念ながら今の私たちの国には見られませんが、だからこそ作っていきたいと思っています」。

最後にみんなで「シャローム・サラーム」を歌った。六人全員で歌うのははじめてだ。ケレンがギターを弾き、ラミが激しく太鼓を叩いた。その後ろで、バルカンの四人が肩を組んで歌っている。ヘブライ語とアラビア語が組み合わさってできた「シャローム・サラーム」は、イスラエルとパレスチナだけでなく、世界中の紛争地で苦しむ人たちの平和を願う歌声のように思えた。

彼らの歌声とともに、会場につめかけた人びとの心に響いていたのは、ラミとケレンの言葉だった。「わたしたちは同じ人間なのだから……」二人は同じ言葉を口にした。それは、相手をイスラエル人やパレスチナ人として見るのではなく、自分と同じ〝人間〟として見ることが大事だということだ。このことは他のバルカンの若者も実感している。

ダンスのチーム・ユネスコのサッちゃんは、歌を聞きながら彼らの活躍を思い返していた。

「世界中のいろんな紛争地からやって来た、私とほとんど同い年のみんなが、大勢の人の前で自分の訴えたいことを堂々と話す姿はかっこよくて、どんな大変な思いをして来たんだろうって感じました。みんな船内で本当にいきいきと楽しそうにいろんなことをしていて、そんな彼らと同じ船に乗れてラッキーだった。でも自分の国に帰ったら、きっとまた、大変な暮らしが待っているはず。彼らが互いに会えることはもう二度とないのかもしれないと思うと、同じころに同じ人間として生まれたのに、毎日の暮らしぶりがこんなに違うのかと思い、この世界はどこかがおかしいんだなって考えていました」。

❊つながってゆく道

全ての予定を終えて、下船しなければならないリミットが近づいてきても、国際学生たちは最後の最後まで船から降りようとしなかった。そして船に残る仲間たちも、記念品を渡したり、アドレス交換をしたりして、彼らをなかなか降ろしてはくれなかった。彼らと特に仲良しだったモトユキは、肩を組んで写真をとったり、船で彼らに教え込んだ〝ヘンな日本語〟を繰り返してはしゃいでいた。特に国際学生の間で流行ったのは「スゴイネー!」というコトバだった。理由はよくわからない。いつも陽気なモトユキが、さらにハイテンションになっているのは、寂しさをまぎらわせるためだったのかもしれない。

別れのときに、モトユキが自分の頭に巻いていた江戸文字が描かれた手ぬぐいをラミにプレゼントした。するとラミは言った。「言葉が通じないのに、こんなに仲良くなったヤツははじめてだよ。また会おう!」。ケレンも抱きついて、こう言った。「モト、必ず手紙書いてね!」。

彼らがオリビア号で過ごす時間が終わった。船の照明で照らされた夜のグラン・カナリア島の港が、たくさんの歓声と紙テープで埋め尽くされてゆく。岸壁のラミやケレンたちはみな満面の笑顔だ。モトユキもたくさんのテープを投げ込んだ。「このまま時間が止まって欲しい」、そんなみんなの願いを知ってか知らずか、船は予定通りの時刻に動き出した。するとデッキにある大きなスピーカーから、曲が流れてきた。

つづいてゆくように
つながってゆくように
あなたの道も私の道もみんなの道も

モルジブを前にしたピースナイトで寿[kotobuki]が歌ったあの『我ったーネット』だった。みんなの思い出の曲でもあった。ぐんぐん小さくなってゆく国際学生たちの姿は、人影になった。ふいに岸壁の誰かが走り出した。全力でこちらに向かってくるのが誰なのか識別できなかったが、瞬間モトユキは「ラミだ!」と思った。人影は岸壁の張り出したところギリギリまでやってきて、ちぎれるように手を振っていた。海に落ちるんじゃないかと、心配する人もいた。

船が方向を変え始めて人影が消えそうになると、モトユキはあわてて岸壁の見える後方デッキに走った。彼はラミに見える人影を見つめながら「あいつには、もう会えないかもしれない」と感じていた。頬にはいつのまにか、大粒の涙が流れていた。涙はいつまでも止まらなかった。

他のみんなもデッキから大声で叫んでいる。「ありがとう！　また会おう」と。

海と私がつながっているように
空と私がつながっているように
あなたと私の道もつながっているように
心のつながる人と出会えますように

海の道がつづいているように
空の道がつづいているように
あなたと私の道もつづいているように
心のつながる人と歩いていけますように

船の後方にはいつも、「潮の道」と呼ばれる流れができる。船が進むと進行方向にそって白い波が泡立って尾をひいてゆく現象である。その白い波が道のように残っては消えてゆく。「潮の道」の先は、ラミやケレンたちのいた岸壁の方向だった。

モトユキたちは、もう何も見えなくなった「潮の道」の先をじっと見つめてこう思っていた。ラミやケレンたちと僕たちは、このでっかい海と空を通じてつながっているんだ。世界中どこへ行ってもつながってる。だからこれは終わりじゃない。僕たちとみんなはこれから始まるんだと。

2　緊迫するパレスチナ情勢

※しらべ通信

カナリア諸島までには、ラミたち国際学生だけでなく、山田しらべさんや高橋和夫さん、トムやヤスナといったそれまで乗っていたほとんどのゲストも下船していった。

しかし、地球一周クルーズはここからまだ一か月以上も残っていた。船はこのあと広い大西洋を越えて、キューバやメキシコといったラテンアメリカ諸国に入港する。船内の雰囲気もそれに合わせてガラッと変わった。サルサなどのラテン音楽が毎日流され、バーではラム酒が振舞われた。キューバからも何人かのゲストを迎えた。本場のサルサダンサーや、日本のラテンバンドのパーカッショニスト・ペッカーさん（一九七八年に日本初のサルサ・オーケストラ「オルケスタ・デル・ソル」を結成。パーカッション&ボーカルを務める）らが大活躍して、船内はラテン色一色に彩られることになる。ダンスの先生の腰の動きはとても日本人にはマネができなかったが、船内のダンス教室は連日満員になった。

そんな中、パレスチナで難民キャンプに行った千崎《せんざき》カスミは、まだ自分の中で消化しきれない何かが残っているのを感じていた。自分たちがあそこに行ったということはどういうことだったのか、そして自分には何ができるのかと必死に考えていたのだ。彼女は、そんな思いを共有している何人かの仲間たちとともにパレスチナチームを作り、船内で報告会をすることに決めた。「現場に行った自分たちには何かができるはずだ」と思っていた。

しかし、日がたつにつれて参加者のパレスチナへの関心は薄れていった。いくらパレスチナで見た事実がショッキングだったとはいえ、世界一周の中では、たくさんの寄港地の中の一つに過ぎない。これから訪れる国に興味が移っていくのは自然なことだった。カスミたち何人かのメンバーを除けば、すでにパレスチナは過去になりつつあった。船内報告会は目前に迫っていたが、みんなもうあまり関心がないんじゃないか、という不安はあった。二日間しか現地に滞在していない自分たちに何がわかるんだろう……という疑問や焦りもあった。

キューバ入港を前にしたそんなとき、山田しらべさんから衝撃的な知らせが届いた。しらべさんはカナリア諸島で船を降りた後、ディヘイシャ難民キャンプに戻っていた。

《ピースボートのみなさんへ　二〇〇一年七月一七日

私がディヘイシャからみなさんへ伝えたいことはたくさんあります。中でもみなさんの訪問をディヘイシャの人たちが、心から喜んでくれことはぜひ知ってもらいたいと思います。彼らは、みなさんがパレスチナの問題にとても関心を持っていたということを強く感じたと言っています。そして、そのことはものすごく大切なことなんです。どうかみなさんがここに来て感じたことを多くの人に伝えて欲しいと思います。

しかし残念ながら、ここの状況はこの二～三日で一変しました。ディヘイシャではこのところ毎日、戦闘ヘリコプターが上空で旋回している音や、銃声が聞こえる中で生活しています。もし今週みなさんがイスラエルに来ていたなら、ここには来られませんでした。二日前の夜、一九歳になったばかりのイブラヒムは、爆弾テロを行おうとしてエルサレムに向かう途中、爆弾を誤爆させて死にました。彼はディヘイシャの少年で、イブダの子の中にもたくさんの友だちがいました。ディヘイシャの子たちは昨日の夜、彼の写真の載ったビラを町の壁に貼りにいきました。ディヘイシャの犠牲者を祀るギャラリーに、また一枚写真が増えることになったのです。

昨日は、住宅地にイスラエルのミサイルが打ち込まれました。その攻撃に巻き込まれたイブダのダンスチームの先生が亡くなりました。攻撃は、イスラム過激派を狙ったとされていますが、先生は何の政治活動もしていませんでした。運が悪かったとしか言いようがありません。そこでは、先生の他にも関係のない人たちがたくさん巻き添えになって殺されました。

イブダの子どもたちは、おとといは友人、昨日は先生を失いました。彼らの目を見ると、悲しみに打ちのめされていました。子どもたちはヘリの音や銃声が怖くて寝ることもできません。今日の午後のニュースでは、ベツレヘムでイスラエルのヘリコプターによる攻撃があり、四人の市民が殺されたことを知りました。

各地で砲撃が続いています。私たちが訪問したベッジャーラ（ベイト・ジャーラ）村も、再度ギロから戦車による砲撃を受けました。私たちの町にも絶えず救急車のサイレンと、上空を飛び交う自動小銃の音が鳴り響いています。多くの人は、これがさらに大規模な衝突のほんの始まりでしかないことをわかっています。キャンプの人びとは、自分たちの無力さ、怒り、いらだちを強く感じているのです。　山田しらべ》

しらべさんからは、その後も何度か悲しい知らせを受けることになった。さらにエルサレムでも衝突があって、ラミが軽いケガをしたと伝えられた。彼は兵士に立ち向かったわけではなかったが、逃げようとして混乱する群集の中に巻き込まれて転び、手にケガをしたという。たいしたケガではなかったとはいえ、船上の参加者にとって身近な人が傷ついたことはショックだった。パレスチナで起きていることは、もうカスミたちにとって「どこか遠くで起きている、知らない人同士の争い」ではなくなっていた。また同時に、そんな状況の現地に何もしてあげられない自分たちがもどかしかった。カスミは報告会をした動機について話している。

「難民キャンプは思っていたのと違って一見平和に見えるんだけど、よく見ると生活のいろんなところが抑圧されているようだった。私が日本にいたときパレスチナについてニュースで聞いたことは、パレスチナ人が自爆テロをしているっていうことくらいだった。でも来てみると、なぜ彼らがそんなことをするような状況に追い込まれているのかわかったような気がした。そんな彼らの生活を一瞬でも見たのに、そのままにするのがいやだった」。

報告会の当日は、イスラエル軍の侵攻という緊張感もあって大勢が聞きに来てくれた。

八月九日、何度目かのしらべさんの通信がパレスチナ情勢のさらなる悪化を告げた。ヨルダン川西岸の町ラマラは、F-16戦闘機によって爆撃されていた。同じ西岸のジェニンという町は何千人ものイスラエル兵に包囲されている。ディヘイシャでも、外出するのが危険すぎるため、スウェーデンに行く予定だったイブダのダンスチームの出発はこの日、キャンセルになった。

ピースボートが、エルサレムで交流会を開いたあのオリエント・ハウスもイスラエル軍によって占領された。パレスチナ警察は追い出され、ピースポートが行ったときに掲げられていたパレスチナの「国旗」は降ろされ、今はイスラエルの国旗が翻《ひるがえ》っている。オリエント・ハウスには、エルサレムに住むパレスチナ人の土地の権利についての書類が保管されていたが、イスラエル軍はこれを運び去ったという。あくまでもエルサレムにいるパレスチナ人を追い出そうという作戦の一環であるように思えた。その後、パレスチナの過激派も自爆テロで抵抗した。イスラエルは、それを格好の口実にしてさらに攻勢を強めた。犠牲者の数だけが増えていった。パレスチナに、明るい兆しは見えなかった。

そしてクルーズが終わって半月ほどたったころ、あの「事件」が起こった。

※同時多発テロ事件の衝撃

二〇〇一年九月一一日。アメリカで史上最悪の同時多発テロ事件が勃発して、数千名の命が失われた。ついこの間まで一緒に船に乗っていた人びとはすでに各地に散っていたが、この大事件を知って世界各地で絶句していた。エルサレムのラミからもピースポートにメールが来ていた。

「この事件について厳しく真っ向から非難する。何て悲しいことが起こってしまったんだろう……、言葉がない。人の命が尊重されないという状況は、どうして起こるんだろう。そして罪のない多くの人が死ななくてはならないのは、なぜなんだろう。答えのない疑問と疑念が僕の頭を渦巻いてるよ。僕たちの心にどれだけの悲しみがあることか！」

事件発生直後、情報が混乱するメディアでは、パレスチナ人勢力のテロへの関与も伝えられた。後に誤報と判明したものの、パレスチナ人に対するイメージは悪化した。何よりテレビで「テロに喜んでいるパレスチナ人」の映像をＣＮＮが放映、日本のテレビ局もこれを何度も取り上げたことで、彼らが少なくともテロリストにシンパシィを持っていると捉えられたのは間違いなかった。同じメールの中でラミは言っている。

「事件を聞いて喜んだのは、これまでアメリカにされてきたことに対して熱くなってしまった一部のパレスチナ人の、一時的な反応だった。でもそれは、イスラエル政府によって利用されてしまったんだ。パレスチナ人はその後テロ事件を非難する活動も行っているけど、それについては全く報道されていない。イスラエルは今のこの状況を利用して、どんどんパレスチナ人を殺している。殺された一〇数人のうち、三人が僕の友だちだった。彼らの攻撃が続いている今、僕たちは最悪の気分で過ごしている」。

テレビには次々と劇的な映像が流れていた。見ているうちに「パレスチナ人はテロリストの仲間なんじゃないか」という印象を持った人も多い。もちろん、テロを喜ぶことは間違っている。しかしなぜ彼らが喜んでいるのか、本当にみんなが喜んでいるのかという検証はなされず、映像のイメージだけが一人歩きしてしまっていた。

事件後、アメリカではアラブ系住民への差別や偏見が強まり、暴力をふるわれるケースもあった。日本でも、パレスチナ支援をしているＮＧＯに対して「あんなやつらを援助しているお前らも死んじまえ！」という脅迫まがいのメールが届いたという。

そして、世界の耳目がアメリカとアフガニスタンに注がれる中、ラミの言うようにどさくさにまぎれるような形で、イスラエルのパレスチナ自治区への軍事侵攻は日増しにエスカレートしていった。

※力でテロをなくすことはできない

イスラエル軍は、一気にエリアＡ（Ａ地域）にまで戦車を突入させる強硬策をとった。オスロ合意後のパレスチナにとって最悪の事態だ。パレスチナ人自治区の再占領作戦である。もはや「テロ対策」という名目であればどんなひどいことでもできる状況になった。

混乱の中で、ラミたちのボランティア・グループの活動も停止させられた。彼らの組織が停止させられたのは、エルサレムで働く許可証を持ってないという理由だった。もちろん本当の理由は別なところにある。彼はさらに「許可証がないから一万ドルの税金を払え」とも言われたという。「今できることっていったら、若いやつに『石を投げる他にもすることがある』って伝えるくらいのことだ。とりあえず生きてて良かったよ」。ラミは、何をすることもできなかった。「僕はいいんだ。こんな扱いには慣れてるさ」と、いつもの口癖が聞こえてくるようだった。

ケレンは、テロを喜んだパレスチナ人たちを、イスラエルが利用する材料を与えた軽率な行動だったとしながらも、シャロンが率いる政府は遅かれ早かれこの機会を狙っていたと考えている。

「私の意見だけど、ラミのグループや他の組織の活動停止も、オリエント・ハウスの閉鎖も全部、エルサレム全域からパレスチナ人を追い出そうとするイスラエルの戦略だと思う。交渉を有利に進めるために、パレスチナ側の勢力圏をできるだけ小さくしておこうっていう狙いなんだよ。イスラエルはパレスチナ人を公平に扱ったことなんてないんだから。オリエント・ハウスがテロリズムに関係ないことくらい、私たちみんなが知ってたことだよ。占領の目的はその辺に住むパレスチナ人が生活できないようにすることだったんじゃないかな。エルサレムからパレスチナ人を追い出して、パレスチナと全く関係ない場所にしようとしたんだよ。もちろんそんな一方的なやり方で和平なんて作れっこないのは明らかでしょ。何をしたってエルサレムはパレスチナ人とアラブ世界の聖地であり続けるんだから」。

一〇月には、アフガニスタンへのアメリカによる空爆が始まった。テロの首謀者と目されるウサマ・ビンラディンをアフガニスタンのタリバーン政権がかくまっているという理由からだった。そしてその空爆は、テロとは全く関係のないたくさんのアフガニスタンの人びとを巻き添えにして殺した。しかし空爆開始当初、メディアはいつもの調子で「軍事目標に限った」「限定的な空爆」であることを強調するアメリカ政府の声明をそのまま伝えていた。その報道からは、爆撃をされた側の恐怖や悲しみは伝わってこない。一方で「悪人」ウサマ・ビンラディンと戦う「正義のアメリカ」は、他方で占領地から引き上げないばかりか、組織的なテロを繰り返しているイスラエルを援助している。「正義」にもいろいろあるようだ。

空爆が始まってすぐ、ケレンはメッセージを寄せた。彼女は自分の国イスラエルの経験から、決して力による攻撃ではテロをなくすことができないのだと信じている。

「この一か月で私が見たもの、聞いたことの中に、一つだけはっきりしていることがあります。それは、貧しく飢えた一般人への空爆は、私たちの本当の目的――平和、平等、恐れるもののない生活――の達成に何の役にも立たないということです。ブッシュ米大統領は、テロリズムが起こるのは世の中に『悪いやつ』がいるからだと言うけれど、そうではないと思います。テロリズムは、世の中が公平でないから育つのです。今、地球に住む人間の多くは、強い、一部の金持ちの奴隷になっています。彼らの苦しみを取りのぞきもしないのに、テロリズムがなくなるわけがありません。テロリズム根絶に必要なのは戦車ではありません。兵士たちの命を意味のない戦争で失うことでもありません。本当に必要なのは、良い意志と努力なのです」。

抑圧も、テロも、それに対する報復という名目で正当化される殺人も、イスラエルで日々経験している。その全てが彼女にとって他人事ではなかった。ケレンは、テロリズムのない世界を築くのに必要なのは、戦車による攻撃ではないと信じている。

しかしイスラエル政府は、ケレンの願いとはまったく正反対の軍事侵攻を続けた。イスラエルは自らをパレスチナ側によるテロの犠牲者であると宣伝し、「テロ対策」の名の下でパレスチナ人弾圧を正当化しようとしている。シャロンはウサマ・ビンラディンと戦うアメリカと同様に、「イスラエルもパレスチナ人というテロリストと戦っているのだ」と国際社会に売り込んだ。

ナチスが「うそも一〇〇回つけば本当になる」と言っていたのは有名だが、シャロンが毎日のように「全ての責任はパレスチナ人側にある」と言い続けているうちに、欧米は占領と攻撃を続けているイスラエルにではなく、アラファトとパレスチナに非難の矛先を向け始めている。

3 それぞれの「シャローム・サラーム」

ピースボートに乗り、紛争地であるパレスチナを訪れた日本の若者たち。そして彼らと出会ったラミとケレン。それぞれにとって今回の旅で得たものは何だったのだろうか。この体験で何を感じ、どう活かそうとしているのか。その後の船内生活や、帰国してからの姿を取り上げよう。

※ピースセレモニー

広島に原爆が投下された八月六日に、オリビア号はメキシコを出航して太平洋に入った。船では、「ピースセレモニー」というイベントが行われていた。その司会を任されたモトユキは、この日が二〇歳の誕生日だった。大きなイベントの司会をするなんて人生はじめてのことだったが、『平和』というテーマで一人ひとりが自分の思いを読み上げるとき、彼は堂々と言った。

「広島に原爆が落ちた日に生まれた俺は、子どものころ、自分の誕生日が嫌で仕方なかった。テレビではいつも、慰霊碑を前に沈痛な表情で祈る人たちが映し出されていたから、全然楽しくなかった。でもこの船に乗って、ケレンやラミと出会ったり紛争地に行ったことで、平和というものがいかに大切かを痛感できた。だから今は、この日に生まれたことを誇りに思っている」。

クルーズが終わって、船内で一緒に踊っていたメンバーがそれぞれの日常に戻っていく中、ダンス・パフォーマンスのチーム・ユネスコのリーダーとしてピースボートに関わり続けることに決めたモトユキ。彼は事務所に新しく来た人に自分たちの活動紹介をするとき、いつもパレスチナの話をすることにしている。難民キャンプがどんな状況か、パレスチナで踊ったとき子どもたちがどんな目をしていたか。彼はチーム・ユネスコをなぜ続けるのかという問いにこう答える。

「直接現地を訪れて、向こうの人たちと交流をしていく中で、俺たちが持っている差別や偏見をぶち壊していきたいんだ！」。

モトユキはテロ事件の後、いかにそういった偏見が簡単に作られるかを痛感していた。あるときモトユキがバスを待って並んでいると、列の少し前にアラブ系の男性が並んでいるのが見えた。自分のすぐ前の日本の若者は友人と携帯電話で話していたが、アラブの男性を見てこう言ったという。「俺の前にタリバーンがいてさぁ、あいつらコワイよなぁ」。モトユキはそれを聞いて腹が立った。でも、もしラミやケレンと出会っていなかったら、自分だってそんなことを冗談半分に言う側にいたのかもしれないと、思いをめぐらした。

「やっぱり、直接出会って、話して、友だちになるのが一番だよね。ピースボートでそれを俺なりに実現したい」。北海道生まれの彼のスケールの大きさは、体の大きさだけではないようだ。

ピースセレモニーでは、チーム・ユネスコがいつものように踊りを披露したが、その前に代表としてメッセージを読んだのは、サッちゃんだった。

「私はダンスを通じて平和についてよく考えました。踊ることで本当に平和が伝わるのか、私たちに平和を語る資格があるのか。それがわからなくて、パレスチナの人を前に踊るのが苦しくなった時もありました。でも、ある日しらべさんと話をして、平和を〝伝える〟ではなくて、平和に〝賛同する〟でいいんじゃない？　と言われました。その時から気持ちが楽になって、みんなが平和になればいいな、一緒に頑張ろう！　という気持ちで踊れるようになりました。そして今はこの場所でこの仲間と踊れるのは一生のうちで一度きりなんだ、ということを強く感じながら踊っています。『平和』なんて言うと大きすぎるけど、とりあえずお互いに笑顔になることが第一歩かな、という気がしています」。

サッちゃんは、一緒に平和についてよく考え、悩み、議論した仲間たちと踊った。「平和」なんて大きすぎる。だから、ただ自分にできることを精一杯やりたいという気持ちで。そしてそんな彼女たちの踊りを、ディヘイシャの子どもたちは楽しんでくれた。

船を降りて、普通の大学生活にもどっているサッちゃんは、こう言う。

「ラミやケレンが言ってたみたいに、『自分たちは同じ人間なんだ』ってことを本当の意味で理解すれば、絶対に殺し合いなんてしないですむのにと思った。でも私自身この『みんなおんなじ人間なんだなあ』っていうのは船に乗ってはじめて実感できたことで、それまでは頭ではわかっていても本当には理解できてなかった。それに気づかずにというか、気づく機会も与えられないまま憎しみ合いを続けてるなんて悲しいね。ラミだって、もしかしたら今ごろイスラエルの人を攻撃しているかもしれないと思ったらすごく怖い。でもラミはそんなことせずにすみそうだね」。

※パレスチナチーム

地球一周クルーズが終わっても、千崎カスミたちパレスチナチームにとっての旅はまだ続いていた。彼女たちは日本に帰国してからも報告会を行った。急激に悪化した情勢を気にかけながら、「こんな時期にパレスチナを訪れた一般人なんて私たちくらいなのだから、子どもたちのこと、難民キャンプのこととか、少しでも多くの人がパレスチナに興味を持ってくれるように伝えなくちゃ」と考えていた。そして彼女は自分の通っている大学でも一人で報告会をした。

カスミは冒頭で、自分自身もこの間までパレスチナのことなど知らなかったと言った。学生たちは自分たちと変わらない、そんなカスミが話す内容に熱心に聞き入り、ショックを受けた。難民キャンプの子どもたちがどんな夢を持っていたのかを聞いて泣いている女の子もいた。

話が終わって彼女たちがアンケートに書いた感想は、カスミがキャンプに行って感じたことと似ていた。「ニュースで聞く話とは全然違った。やはり行って見ないとわからないと思った」「もし自分がパレスチナに生まれていたら、生きた心地がしないだろうと思う」「何か手助けができることはないだろうか?」

カスミはそれまで平和教育というものをそれなりに受けていた。しかし学校の先生が語る「平和」には、何の具体性もなく、実感できなかったという。それがパレスチナに行って、変わった。学生たちに話して、自分と同様に日本の若者たちは本当の平和について何も知らないのではないか、と感じた。今まで受けてきた「平和教育」って何だったんだろう?　彼女は具体的な痛みをちゃんと伝えなくては……と思っている。

※中東専門家

船内で〝中東専門家〟として活躍した森本良太は、実はディヘイシャ難民キャンプに同行することはできなかった。彼はエルサレムのイスラエル側（西エルサレム）とパレスチナ側（東エルサレム）を二日間で訪問するプログラムの添乗役を任されていた。

このコースでは、同じエルサレムを両側から見ることで何を感じるのかということがテーマだった。エルサレムにある唯一の難民キャンプにも訪れている。そのキャンプの住人は元々エルサレムに住んでいた人が多い。彼らはイスラエル政府の政策で追い出されたものの、ここから離れるとエルサレムに立ち入ることができなくなってしまうので、住み続けているという。

二〇〇〇年の航海で一般乗船者としてパレスチナに来たとき、普通の観光地としか捉えていなかった良太は、二度目の今回は全てが違って見えたという。きれいな街中とおしゃれな道行く人びと、欧米の先進国と何ら変らない裕福な生活を送っているイスラエル側。そこから車でたった一五分ほど行ったところにあるパレスチナ側の光景は忘れられない。

特に強烈だったのは、鼻をつく悪臭だ。街中に放置されっぱなしのゴミが、回収されずに道にあふれていた。本来エルサレム市が行うべきゴミの収集はなおざりにされて、住民が自分たちで集めるしか対策がないのだ。ほとんどの家の窓ガラスは割れていた。ぼろぼろの服を着た子どもたちと、真っ昼間なのに何もしていない大人たちがいた。おそらく失業中の人だった。

良太は船内で聞いた話そのままの現実があったことに驚いた。そしてこれほどの格差が作られていることを、ついこの間まで自分が知らなかったことにもびっくりした。良太は今、パレスチナに行って考えたことをどのように活かそうとしているのだろうか。

「パレスチナのこともあちこちで起こっている紛争のことも、ほとんどの人が〝他人事〟ですませている。ついこの前まで僕がそうだったから、その気持ちはすごくよくわかる。だけどパレスチナに行って、ラミとケレンに出会ったから、僕は他人事として感じられなくなった。僕みたいなバカなことばっかりやってた奴が、今は平和について考えてる。だから他の人も、僕と同じように世界を見て、知って、出会えば、今世界中で起こっている問題を自分のこととして真剣に考えることはできるんじゃないかな。僕はそんな場を創るためにピースボートをやっていくし、これからも船を出し続けていきたいと思ってる」。

関西のちっちゃな〝中東専門家〟は、今回の旅でピースボートをやってゆく理由をまた一つ見つけた。

※港の〝仕事人〟

イスラエル　パレスチナで各プログラムの手配を行ったスタッフの伊知地亮。彼は、ピースボートが入港することはパレスチナ人にとって大きな喜びだと言う。戦車に追いまわされたり、ガザ地区に閉じ込められたりしながら現場で段取りをしてきた亮にとって、パレスチナとは何なのだろうか。

『私たちのことを知ろうとしている私たちの友人』。ピースボートがパレスチナに来るたびに、そういった言葉が誰からも聞かれる。ここでは、報道されない弾圧や不正義がどこにでも転がっているんだ。それを目撃するために訪れるピースボートは、彼らにとって大きな励みになっている。そんなわけで、ピースボートの入港に合わせていつも盛大なセレモニーが開かれている。イベントは、オリエント・ハウスや難民キャンプなどいろいろな所で開催したけど、そのどの場所も、この一年のうちに攻撃されてしまった。前に行った難民キャンプは、砲弾の跡だらけの無惨な状態になってしまったし……。オリエント・ハウスは閉鎖され、今やイスラエルの国旗が掲げられている。

僕にとってパレスチナっていうのは、かわいそうな人を助けたいとか、苦しみを和らげてあげたいとか、そんなことじゃない。ただパレスチナに暮らしている人が好きなだけ。彼らと共有する時間が好きだ。そしていつか夜の街を安全に歩いて、いろいろな所に一緒に行ってみたい。それはイスラエル人の友だちとだって同じことだけど。そのためにもここが平和になることを望んでる。

自己中心的って言われるかもしれないけど、それが市民に出来る最高の平和への願いなんじゃないかなぁ。僕はそんな願いを持てる人を一人でも多く創りたい。だからピースボートはパレスチナを訪問し続けているんだ」。

現地にたくさんの友だちがいる亮ならではの願いだった。亮はいま、パレスチナのことを外国だとは考えていない。彼はいずれここで、この国のために力を尽くしたいと夢見ている。

「苦しみながら、抑圧を受けて生きている彼らは、そんな中でも驚くほど前向きに生きてる。何でこんなに強くいられるのだろうと思う。おそらく、後がないからなのかもしれない。もう、苦しむだけ苦しんでいる。だから前を見るしかないんだろう」。

彼はどうしようもないやりきれなさだけではなく、人間の底力、たくましさのようなものをパレスチナの友人たちから感じとっていた。パレスチナが独立したとしたら、うまくいくかどうかは法律にかかっていると亮は考えている。暴力に苦しめられてきたパレスチナの人びとが、新たな抑圧や暴力を生み出さないために法律をつくる手助けができたら……そのときのために、彼はいま法律の勉強を始めている。

※平和への架け橋

その後もケレンからは連絡が来ていた。

「ハーイ、元気そうだね！　そういえばエルサレムに『カンパイ』っていうスシ・バーと『ゲンキ』っていうクラブがあるの、知ってた？　それ見つけた時、すごい懐かしかったよー。今ね、すっごい重要なデモから帰ってきたの。インティファーダのはじめに、一三人のパレスチナ系イスラエル人（市民だよ！）が警察に殺されたの。普通の国なら、そんなことした人は罰せられるでしょ。でもここではほら、『殺されたのはただのアラブ人』、警察署長が証言したんだよ！　だから私たち（アラブ人もユダヤ人も混ざって「私たち」）がデモをしたの。政府も警察も超人種主義者でほんとにイライラする。じゃ、またすぐ書くね。ケレン」。

ケレンは下船してからアラビア語を習い始めた。パレスチナ人の言葉で、彼らと話したいと思うようになったのは、ラミと親しくなったからだと彼女は言う。「隣人に自分の言語を使うことを強制しなくてもコミュニケーションができるようになりたかったの」。

ラミもよくメールをくれた。エマや友だちとは別れ、ボランティア活動も停止させられたラミは何度か落ち込むこともあったが、それでも前向きに生きていた。

「帰ってきてからケレンには何回か会ってるよ。場所はほとんどが僕の家。いろんな問題について話して、今この状況下で一緒に出来ることは何かを話して、それからエマについても……って、オイ、笑うなよ！」

ラミは船を降りてからもずっと、エマのことが忘れられなかった。それでもエマに心配させまいとして、会えなくて寂しいという思いを彼女には伝えていなかった。これが彼にとって「唯一ピースボートに乗ったことでつらいと感じていることだ」と言う。

ケレンとの出会いを含めて、ラミは船に乗ったことで人生が変わった。彼はそれをこれからどう活かしていこうと考えているのだろうか。

「これまで僕はイスラエル人を憎んでいた。でもピースボートを降りてから、僕はどんなイスラエル人とも話をすることができるようになった。そのことになぜか何のひっかかりもないんだ。ピースボートは僕を本当に大きく変えたよ。

一方、残念なことだけど、パレスチナ人の置かれている状況は何も変わっていない。イスラエル軍によって殺される人はますます増えるばかりだ。だから、イスラエルの子と握手をして友だちになったと言っても、以前の僕を知っている仲間は信じてくれないんだ。船から降りた僕の言うことを理解してくれる人は少なくて、僕はたくさんの友だちを失くしちゃったよ。でもいいんだ。パレスチナとイスラエルのことについて、僕がいま話をすることはいろんな意味ですごく危険だけど、気にしない。僕にもピースボートにも、共に果たすべき使命があるから」。

ケレンとラミの二人は、新しいプロジェクトを始めた。彼らはイスラエル側とパレスチナ側の両サイドから若い人を集めている。そして二人がピースボートで聞いたこと、見たこと、学んだことをお互いの側から聞かせて、信頼関係を築いていこうというプロジェクトだ。お互いにいい刺激を受けたことを、今度は彼ら自身が他の若者たちに伝えていこうというものだった。

すでにこのプロジェクトに興味を持っている若者はいるが、資金の調達に苦労しているという。それでもケレンは、絶望的な紛争の中で、このような希望のもてるプロジェクトをすすめられることにわくわくしている。

「イスラエル人とパレスチナ人の友情って、できたとしても大抵は国籍の違いは越えられないものなんだよ。でも、私とラミはその段階を越えて、個人的なつながりを築くところに達したと思う。でも、国籍みたいなアイデンティティーももちろん重要だよね。だって、反対側に自分たちのような人がいると知りながらお互いの社会に戻ると、私たちから変化が始まって広がっていくもん。このプロジェクトの最初の会はあと二週間くらいであるの。ピースボートで出会ったみんなにそう言えることがすごくうれしい」。

しばらくたって、その打ち合わせをケレンの家で行ったとラミが伝えてくれた。

「昨日、ケレンの家にいたんだよ。人生ではじめてイスラエル人の家に行ったんだ。(二〇〇二年)一月に(イスラエル・パレスチナ)双方から一つずつのグループを出して、集まることにした。もちろん誰にも内密で。互いに会うことが禁止されてるからね。議題は「若者の主張」。若い人は相手側が何を思ってるのか知らないことが多いから、そこを話し合いたいんだよ。この問題を解決したり、状況を改善したりしようという名目で集まるんだけど、実際一番大切なのは、一緒に座って、一緒に話して、一緒に聞くことなんだよね」。

二人が進もうとしている道のりが、困難だらけであることは間違いない。危険なプロジェクトに寄付してくれる団体はまだ見つかっていないし、若者たちもおじけづいて参加しないかもしれない。しかし、ケレンやラミのような若者の力こそが世界を変える原動力になるのではないだろうか。明日の見えない紛争地で必死に生きている彼らには、絶望なんてしている暇はない。

ラミはメールの最後にこう付け足していた。「何が起ころうとも、僕たちはこれを続けるけどね。またすぐに会おう」。

「シャローム・サラーム」——再び

二〇〇一年一一月。インド洋上でラミとケレンと共演したミュージシャンの寿［kotobuki］は、東京・中野区にある沖縄料理屋でライブを行っていた。途中で、ボーカルのナビィは言った。

「この前ピースボートに乗って、イスラエルのケレンという女の子と、パレスチナのラミという男の子と友だちになりました。その二人は、船内で出会って平和のために一緒にやっていくんだと思い始めたんです。彼らは船の中で『シャローム・サラーム』という歌を一緒に歌ってくれました。シャロームもサラームも、イスラエルとパレスチナの言葉で『平和』を意味しているそうです。紛争している最中の国から来た二人の歌に、私はすごく感動しました。二人を思いながら、イスラエルとパレスチナのことだけじゃなくて、自分にとって、日本人にとっての『シャローム・サラーム』を作りたいなぁって思ったんです。これから歌うのは、そんな、私たちにとってのシャローム、サラームです」。

太陽がいづる国にも
星の元に守られる国にも
神なき聖地にも
光りあふれ、光り踊る美しきこの島にも
シャローム、サラーム

パパをママを失ったあの子にも
愛を夢を声を失ってゆくあの子にも
怒る事を奪われたあなたにも
泣く事さえも許されないあなたにも
シャローム、サラーム

美しさを見よ
美しさを見よ
美しさを見よ
世界に、あなたの中に

美しさを見よ
美しさを見よ
美しさを見よ
ココロに、ココロに写し出せ、描き出せ、
シャローム、サラーム

ナビィは今回、スケジュールの都合でパレスチナに行くことができなかった。しかし彼女はいつかこの歌を、ラミやケレンと一緒にパレスチナの難民キャンプで歌いたいと思っている。

一一月二二日。イスラエル軍の突撃部隊がガザ地区の学校近くに仕掛けた地雷を踏んで、通学途中の五人の子どもたちが死んだ。夢を奪われ、泣くことさえも許されなかった子どもたちは、ついに命まで失くしてしまった。

その子どもたちの葬儀の後でデモ行進が起こり、投石をした一五歳の少年がイスラエル兵に射殺された。イスラエルの首相シャロンは、占領政策と入植地政策を見直すどころか強化し、「和平が滞っているのは全てパレスチナの責任だ」と言い続けている。

イスラエル側からの情報を日々伝えている日本の某新聞にはこう書かれていた。「今後の和平のゆくえは、アラファト議長がパレスチナ人の過激派対策をするかどうかにかかっている」と。

しかし子どもたちが毎日登校する通り道に爆弾を仕掛けることはテロではないのだろうか？「テロ対策」といえば、どんな残酷な攻撃も許されるのだろうか？

イスラエル・パレスチナに平和はまだ見えてこない。しかし、ラミもケレンもみんなも、あの旅でたくさんの人に出会い、たくさんのことを語り合った。クルーズを通して平和について思いをめぐらせた彼らの心の中で、あの旅はまだ続いている。暴力も差別もない新しい世界は、その旅の続きから生まれてくるはずだ。

どこからかそれぞれのシャローム、サラームが聞こえてくる。


――イスラエルとパレスチナで平和を願う全ての人びとへ捧げる――

✺パレスチナ問題の歴史

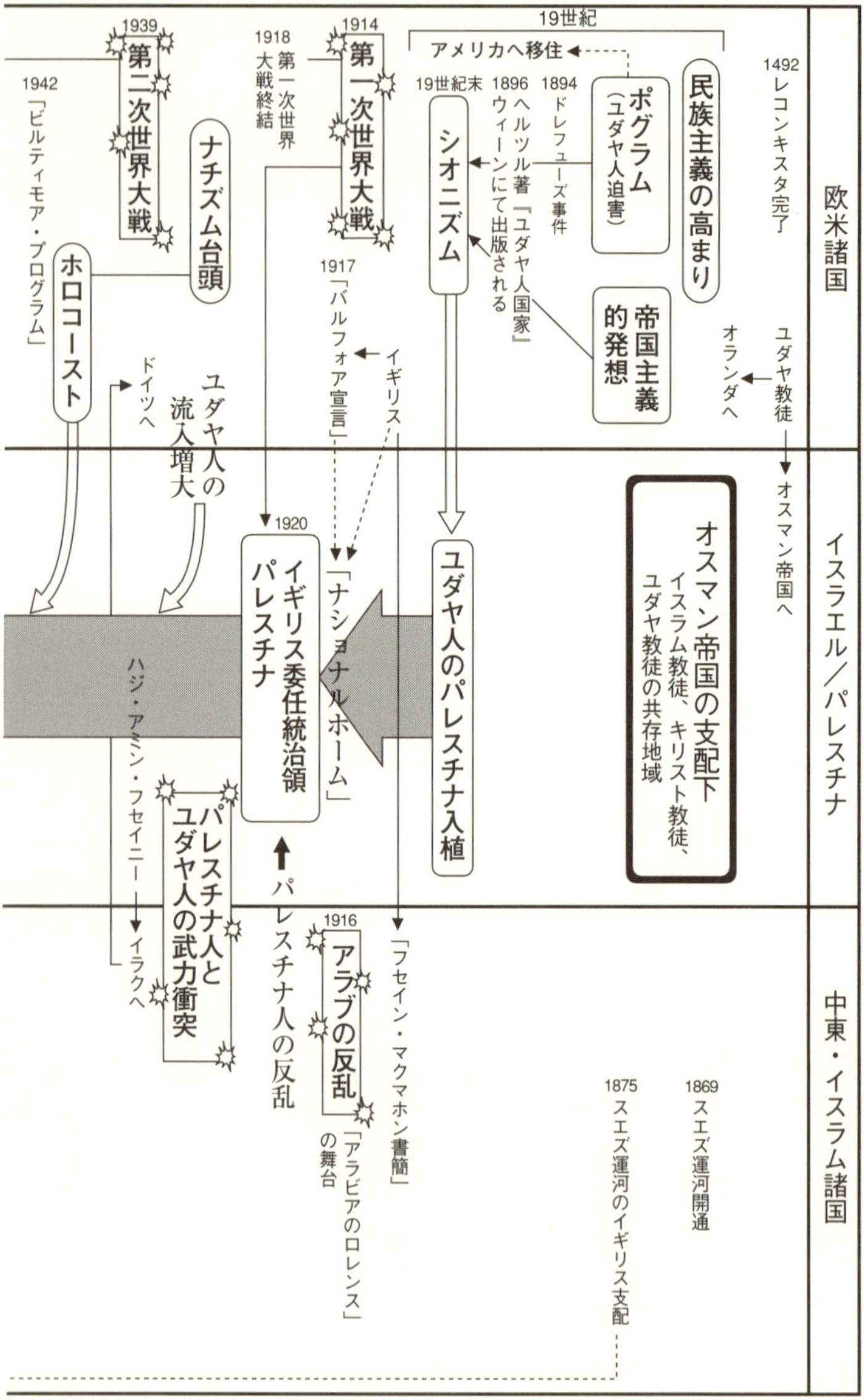

欧米諸国
イスラエル／パレスチナ
中東・イスラム諸国
1492 レコンキスタ完了
ユダヤ教徒
オランダへ
オスマン帝国へ
19世紀
民族主義の高まり
アメリカへ移住
ポグラム（ユダヤ人迫害）
帝国主義的発想
1894 ドレフューズ事件
1896 ヘルツル著『ユダヤ人国家』ウィーンにて出版される
19世紀末
シオニズム
オスマン帝国の支配下
イスラム教徒、キリスト教徒、ユダヤ教徒の共存地域
ユダヤ人のパレスチナ入植
1869 スエズ運河開通
1875 スエズ運河のイギリス支配
1914 第一次世界大戦
1918 第一次世界大戦終結
1917「バルフォア宣言」
イギリス
「ナショナルホーム」
1916 アラブの反乱
「フセイン・マクマホン書簡」
「アラビアのロレンス」の舞台
1920 イギリス委任統治領パレスチナ
パレスチナ人の反乱
1939 第二次世界大戦
ナチズム台頭
ユダヤ人の流入増大
ドイツへ
ハジ・アミン・フセイニー
イラクへ
パレスチナ人とユダヤ人の武力衝突
1942「ビルティモア・プログラム」
ホロコースト

作成・高橋和夫

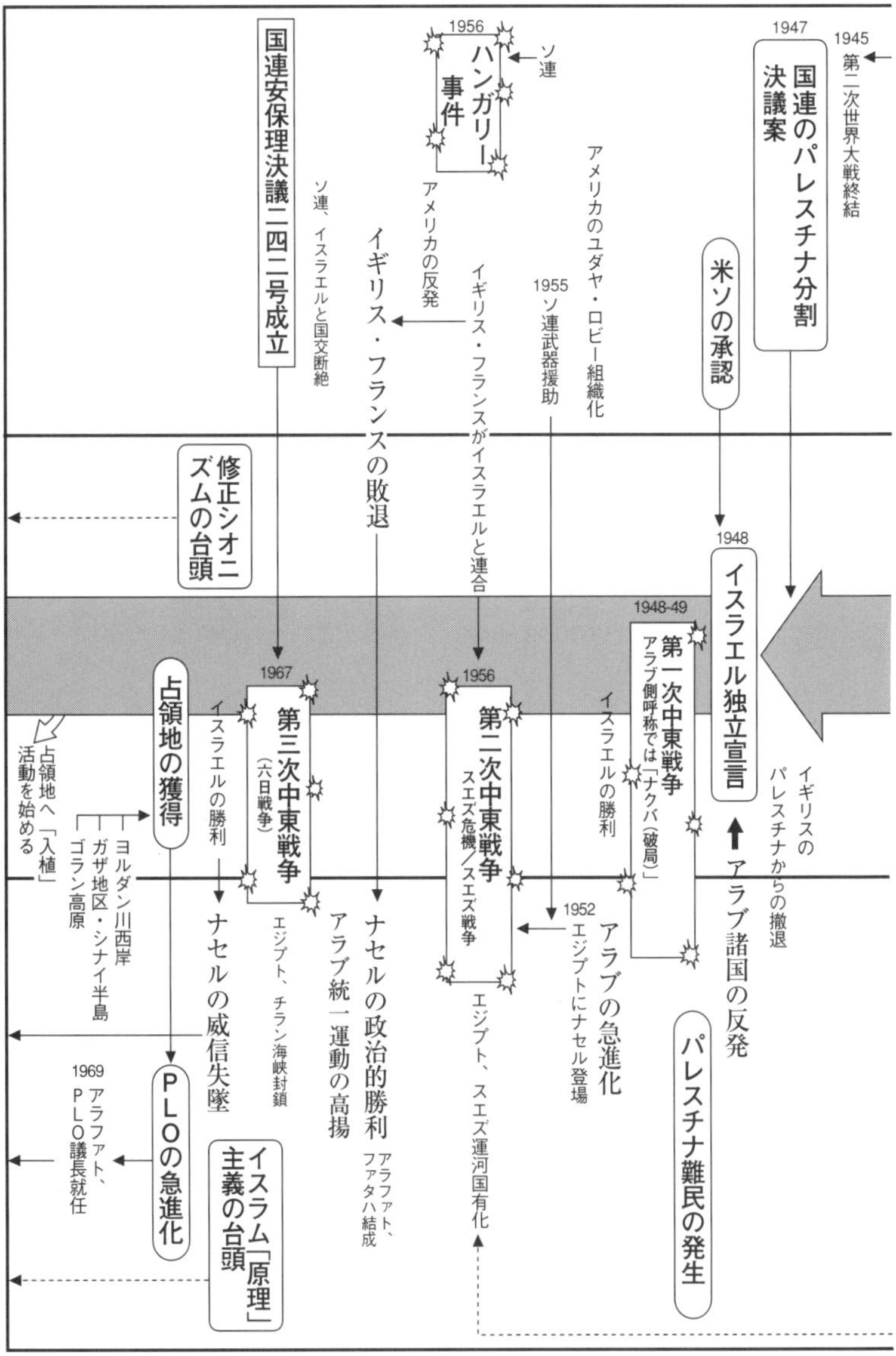
1945
第二次世界大戦終結
1947
国連のパレスチナ分割決議案
米ソの承認
アメリカのユダヤ・ロビー組織化
1955
ソ連武器援助
1948
イスラエル独立宣言
イギリスのパレスチナからの撤退
アラブ諸国の反発
パレスチナ難民の発生
1948-49
第一次中東戦争
アラブ側呼称では「ナクバ(破局)」
イスラエルの勝利
1952
エジプトにナセル登場
アラブの急進化
イギリス・フランスがイスラエルと連合
1956
ハンガリー事件
ソ連
アメリカの反発
イギリス・フランスの敗退
1956
第二次中東戦争
スエズ危機/スエズ戦争
エジプト、スエズ運河国有化
ナセルの政治的勝利
アラファト、ファタハ結成
アラブ統一運動の高揚
国連安保理決議二四二号成立
ソ連、イスラエルと国交断絶
1967
第三次中東戦争
(六日戦争)
イスラエルの勝利
エジプト、チラン海峡封鎖
ナセルの威信失墜
修正シオニズムの台頭
占領地の獲得
ヨルダン川西岸
ガザ地区・シナイ半島
ゴラン高原
占領地へ「入植」活動を始める
1969
アラファト、PLO議長就任
PLOの急進化
イスラム「原理」主義の台頭

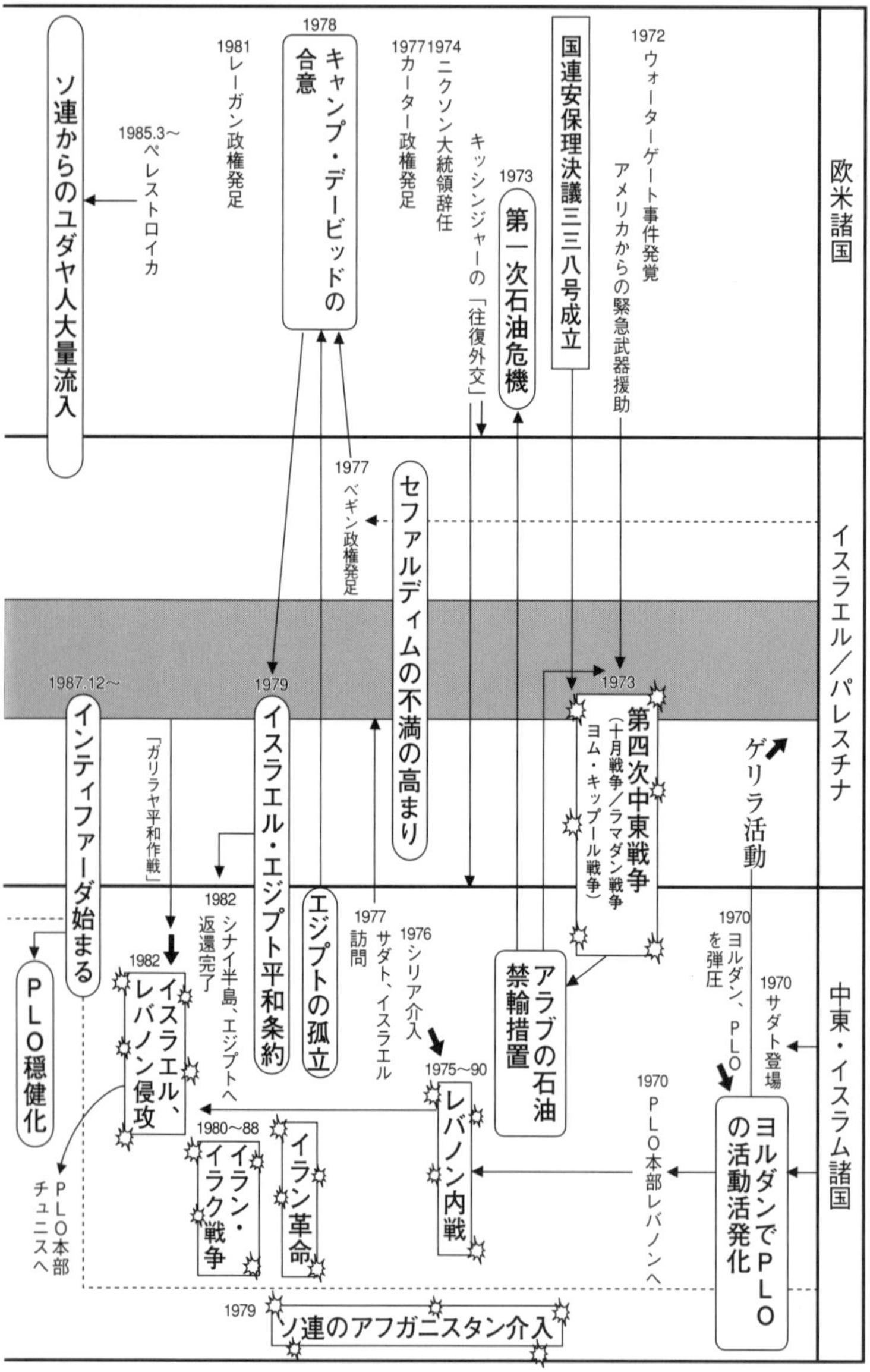

欧米諸国
イスラエル／パレスチナ
中東・イスラム諸国
1972 ウォーターゲート事件発覚
アメリカからの緊急武器援助
国連安保理決議三三八号成立
1973 第一次石油危機
キッシンジャーの「往復外交」
1974 ニクソン大統領辞任
1977 カーター政権発足
1978 キャンプ・デービッドの合意
1981 レーガン政権発足
1985.3〜 ペレストロイカ
ソ連からのユダヤ人大量流入
1977 ベギン政権発足
セファルディムの不満の高まり
ゲリラ活動
1973 第四次中東戦争（十月戦争／ラマダン戦争 ヨム・キップール戦争）
1979 イスラエル・エジプト平和条約
「ガリラヤ平和作戦」
1987.12〜 インティファーダ始まる
1970 サダト登場
1970 ヨルダン、PLOを弾圧
ヨルダンでPLOの活動活発化
1970 PLO本部レバノンへ
アラブの石油禁輸措置
1976 シリア介入
1977 サダト、イスラエル訪問
エジプトの孤立
1975〜90 レバノン内戦
1982 シナイ半島、エジプトへ返還完了
1982 イスラエル、レバノン侵攻
イラン革命
1980〜88 イラン・イラク戦争
PLO本部チュニスへ
PLO穏健化
1979 ソ連のアフガニスタン介入

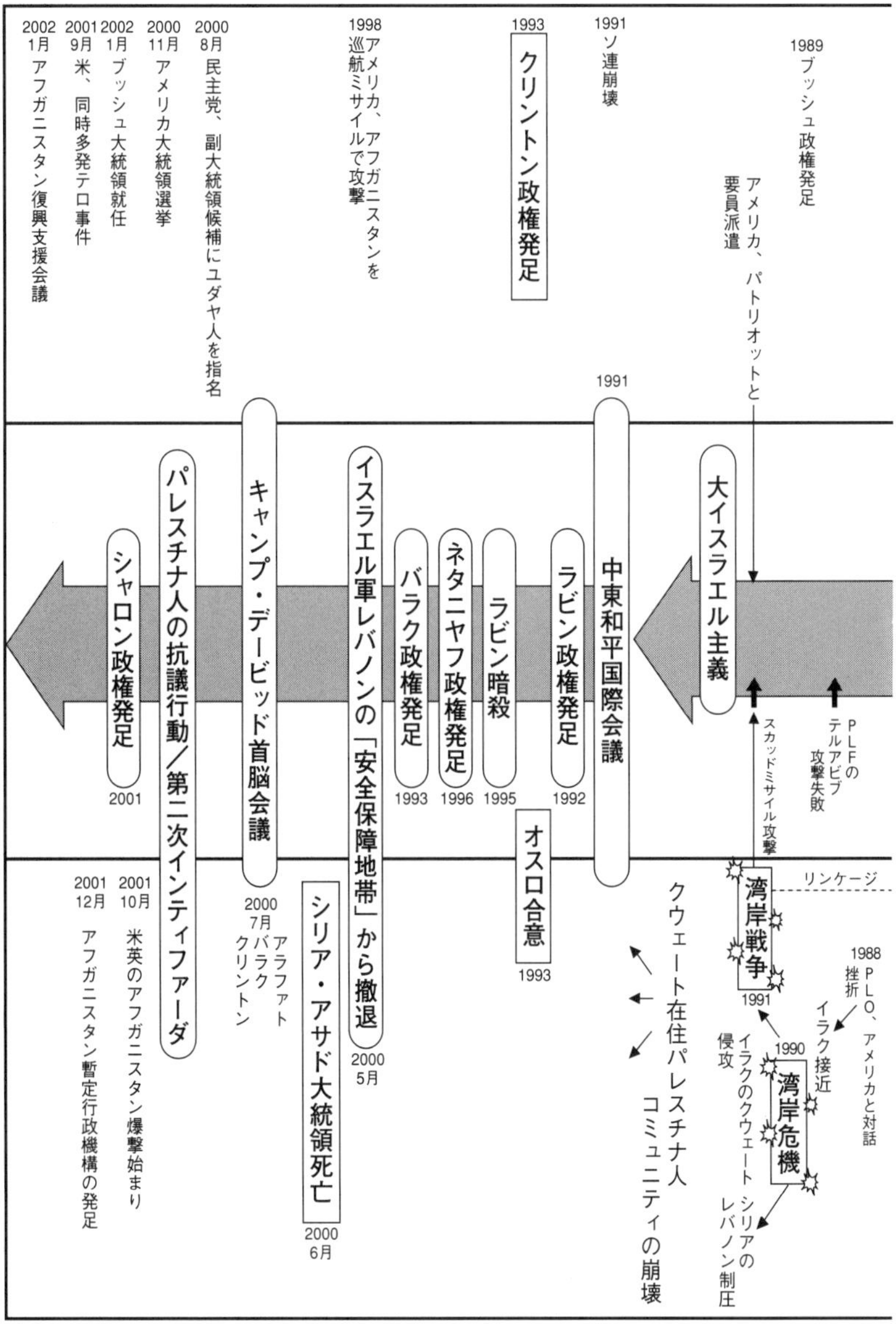

1989 ブッシュ政権発足
アメリカ、パトリオットと要員派遣
1991 ソ連崩壊
1993 クリントン政権発足
1998 アメリカ、アフガニスタンを巡航ミサイルで攻撃
2000 8月 民主党、副大統領候補にユダヤ人を指名
2000 11月 アメリカ大統領選挙
2002 1月 ブッシュ大統領就任
2001 9月 米、同時多発テロ事件
2002 1月 アフガニスタン復興支援会議
PLFのテルアビブ攻撃失敗
スカッドミサイル攻撃
大イスラエル主義
1991 中東和平国際会議
ラビン政権発足 1992
ラビン暗殺 1995
ネタニヤフ政権発足 1996
バラク政権発足 1993
イスラエル軍レバノンの「安全保障地帯」から撤退 2000 5月
キャンプ・デービッド首脳会議
2000 7月 アラファト バラク クリントン
パレスチナ人の抗議行動／第二次インティファーダ
シャロン政権発足 2001
1988 PLO、アメリカと対話挫折
イラク接近
1990 湾岸危機
イラクのクウェート侵攻
シリアのレバノン制圧
湾岸戦争 1991
リンケージ
クウェート在住パレスチナ人コミュニティの崩壊
オスロ合意 1993
シリア・アサド大統領死亡 2000 6月
2001 10月 米英のアフガニスタン爆撃始まり
2001 12月 アフガニスタン暫定行政機構の発足

あとがき

この原稿を書いている二〇〇二年一月一九日、僕はピースボートの船上にいます。気がついたらまたしても三か月間、日本を離れることになってしまいました。自分自身、八度目の地球一周となるこの航海で、まもなく南アフリカのケープタウンに到着します。この国でもほんの数年前まで、人が人を法律で差別していた時代が続いていました。そのアパルトヘイトを克服した国へ向かうこのときに、今も人種差別と人権侵害が続いているパレスチナのことに思いを馳せているのは、偶然ではないのかもしれません。

僕は前回の航海でラミと旅をする中で、さまざまな疑問を感じていました。彼はなぜ自分の故郷にさえ入国できない可能性があるのか？　なぜ自宅の周りを監視カメラで見張られながら暮らしているのか？　なぜ国籍が理由で恋人と別れなくてはいけないのか？

そういったことが彼の身に起こっている原因は、ただ彼がパレスチナ人として生まれたというだけでした。同じ時代に同じ人間として生まれたラミが、なぜ僕たちと同じように生きることができないのでしょうか。船に乗って彼と触れ合った参加者の多くも、同じ疑問を感じていました。

そしてラミの身の上に起こったことは、彼だけの話というわけではなく、いまパレスチナで数百万の人の身の上に起こっている現実そのものなのです。

それにも関わらず、国際社会はそのことにずっと無関心でした。国連も占領に対する「非難決議」だけは繰り返していますが、何ら有効な対策を打ち出せずにいるのです。そのことはパレスチナ人の人権が無視されていること以上に大きな問題であると言えます。パレスチナ人は、自分たちが世界に見放されているのだと感じているのです。

日本人をはじめ、欧米のほとんどの人は、まさかホロコーストやアパルトヘイトと同じような差別や抑圧が、ここまで構造的に進められているなどとは思ってもいないようです。僕もつい先日までそうだったのですが、パレスチナで起こっていることは「民族紛争」だとか「宗教紛争」だと伝えられていて、何となく「どこか遠いところで起きている、自分とは関係のない醜い争い」だと感じている人が多いようです。

しかし、ここで起きていることは「私たちとは無関係なこと」なのでしょうか？　パレスチナで起きていることに無関心になって、彼らを見殺しにすることは、ホロコーストやアパルトヘイトを見過ごすのと同じことになるのかもしれません。少なくとも現地に行った僕らは、もがき苦しむ友人たちの姿を知った以上、黙って見ているわけにはいかなくなってしまいました。

現実は確かに困難です。けれどアパルトヘイトをなくすことができたように、パレスチナのこ

筆者（左）と生まれてはじめて列車に乗ったラミ

の状況を変えてゆくことも不可能ではないはずです。そのためにもパレスチナで何が起きているのか、たくさんの人が目を向ける必要があります。専門家ではない僕が本書を書いた動機の一つには、そういった思いがありました。

ラミは今も、いつ逮捕されたり銃撃されても不思議ではない中で暮らしています。一方ケレンも、過激派の自爆テロで命を脅かされる日々が続いています。そういった絶望的な状況下からやって来た二人がピースボートで出会い、友情を育んだということは、僕らに大切なことを教えてくれた気がします。直接出会って理解すること。絶望的な状況でもあきらめないこと。言うのは簡単ですが、不信感が根付いている状態でそれを実行するのは、簡単ではないことは本文に述べたとおりです。しかし彼らは、不信と憎悪を乗り越えることができました。
二人は船を降りた後、小さなプロジェクトを始めました。僕にはそれがイスラエル・パレスチナにとって、また世界にとって、大きな希望の芽になると信じています。ピースボートとして、これからも彼らを見守り、盛り立てていきます。そしてみなさんも彼らを応援してください。

パレスチナ問題について素人の僕が、このような本を書くことになるとは、「あとがき」を書いている今でも信じられません。もちろんそんな僕が書いた本ですから、大事な部分が欠けていたり、認識が甘かったりしている所があるはずです。そういった点を補うためにも、本書でパレスチナに興味をもたれた方は、高橋和夫さんなど専門家の方の本にあたってみてください。

しかし一方で、「専門家ではない自分にしか伝えられないことがあるのではないか」と思って執筆していたことも事実です。そういった意味では、ラミやケレンの人としての魅力や、二人の出会いをどうやって伝えるかといったことも重要なテーマでした。というのも、僕にはラミやケレンをはじめイスラエル・パレスチナに何人かの友人がいます。だから僕にとってパレスチナは「国際情勢」とか「民族紛争」というより、もっと身近な存在です。現地で事件があったら彼らのことが心配になります。パレスチナのことを専門書でいくら勉強しても、そういった皮膚感覚は、現場に行ったり知り合いがいなければ、感じることはできないでしょう。僕は、実はそういったものが紛争の理解や行動する際に、とても大切になってくるのではないかと思っています。
本書のラミやケレンの話を通じて、そんなふうにパレスチナのことを身近に感じてくれる人が増えてくれたら、とてもうれしく想います。また機会があれば、みなさんも現地に行って、何が起きているのか確かめてみてください。そして一人でも友だちを作ってください。きっと今までニュースで伝え聞いた世界とは違ったものが見えてくるはずです。もちろんそういう機会を作るためにも、ピースボートは今後もイスラエル・パレスチナに船を出すつもりですが……。

いずれにせよ、僕一人ではとてもこの本を書き上げることはできませんでした。特に高橋和夫さんにはお世話になりっぱなしでした。アメリカ同時多発テロの発生以降、ご自身のスケジュールが超多忙になる中で原稿を読んでくださり、暖かい言葉をかけていただきました。また、山田しらべさんにも相談に乗っていただき、パレスチナでたくさんのことを教えてもらいました。それから歌詞の掲載を快諾していただいた寿〔kotobuki〕のお二人。本書執筆中に、『シャローム・サラーム』の歌を作ったと聞き、すぐに「この本のエピローグにピッタリだ」と思って拝借させてもらいました。さらに、膨大な量の翻訳をやってくれた小野寺愛さんと小野倫子さん、本当にありがとうございました。そして、出版の機会を与えていただき、ずっと応援していただいた高文研の山本邦彦さんにも感謝したいと思います。

本当に多くの方に励ましやご協力をいただいたお陰です。お一人ずつお名前を挙げることはできませんが、関わっていただいた全ての方々にこの場をかりて感謝したいと思います。ありがとうございました。

最後にピースボートの仲間たちには、感謝というよりもおめでとうと言いたいですね。これは僕が書いた本であるのと同時に、ピースボートのみんなでつくった本です。たいへんな努力をしながらピースボートの船を出し続けることで、こういった世界中、誰もやっていないプロジェクトができるんだということを、今ほど実感していることはありません。みんなの力なしでは、僕はこの本を一行だって書けなかったのは確かです。

アパルトヘイトをなくした南アフリカのマンデラ元大統領は、さまざまな人種が共存していける「虹の国」を目指して国づくりを進めると宣言しました。イスラエル・パレスチナでもいつかそんなふうに、ユダヤ人もパレスチナ人も平等に暮らすことができる日は来るでしょうか。僕の友人たちが、ごく普通に日常を過ごせる日々が来ることを祈りたいと思います。

二〇〇二年一月一九日　南アフリカへと向かうピースボート船上にて

高橋真樹

【三刷への追記】旅から一〇年、そして新しい旅がはじまる

ラミとケレン、そして多くの若者が出会った二〇〇一年の旅から、ちょうど一〇年。やんちゃだったラミは、その後パレスチナの女性と結婚、二人の子どもの父親になりました。彼は今、ピースボートといっしょに、オリーブオイルの石鹸を日本に届けるフェアトレード プロジェクトを手がけています。

しかしこの間、イスラエル・パレスチナをめぐる状況は、残念ながらより悪い方向に進んでしまいました。二〇〇二年から、イスラエルはヨルダン川西岸地区を取り囲む巨大な壁を建設しました。これは、かつてナチスドイツが各地に築いたゲットーと同じように、人々の自由と尊厳を奪っています。

さらに、二〇〇六年に行われたパレスチナ人による選挙で、アメリカとイスラエルが「テロ組織」と呼ぶハマスが勝利したことで、欧米諸国はパレスチナに厳しい対応を取るようになりました。そのため、西岸地区を支配するファタハと、ガザ地区を支配するハマスが対立。パレスチナ人同士が分裂するという状況もつくられてしまいました。また、イスラエルはガザ地区への軍事封鎖を行います。人や物の出入りは閉ざされ、国際社会の支援で命をつないできたガザの一五〇万人の人々は、追い詰められてしまいます。さらに追い討ちをかけたのが、二〇〇八年末からのイスラエル軍によるガザへの空爆と軍事侵攻です。この三週間にわたる攻撃だけで、四〇〇人以上の子どもたちを含む一三〇〇人以上の一般市民が亡くなりました。国際社会からの批判が高まる中でも、イスラエル軍による過酷な占領は、ますますエスカレートしています。

そのような状況でも、ラミとケレンは決して歩みを止めませんでした。彼らはそれぞれの平和活動を進める一方で、イスラエルとパレスチナの若者たちを集め、話し合いの場を設けるプロジェクトを行いました。その数は一〇年間で二〇回以上、一〇〇名以上の若者の人生に影響を与えています。その地道な功績はスイスの財団に認められ、卓越した平和活動家を讃える「シオン山平和賞」を受賞しました。彼らのプロジェクトを通じて出会った若者たちは、困難な現実を前にしながらも、つながることで前向きな取り組みを続けてきたのです。

「私たちの話は美しい物語じゃない、現実なの」と、ケレンはいつも言います。それは「ラミとケレンが握手をして、いっしょに歌を歌いました」という単なる「良い話」ではないということです。彼らが共に立ち向かおうとしているのは、「占領」というとんでもなく巨大なものです。この状況に変化をもたらすには、日本の人々の支援を含む、多くの知恵と力を合わせる必要があるでしょう。平和への道のりは険しいものですが、ぼくは「占領」という、人が人を支配する状態を、なんとか止めたいと考えています。みなさんも関心を失わずに、NGOなどを通じて、この問題に関わっていただけたら幸いです。

ラミとケレン、そしてピースボートは、二〇一一年の五月、また新たなチャレンジを試みました。今度はイスラエルとパレスチナから三〇名ずつの若者を船に招いて、ともに旅をしながら交流するというものです。あの旅から一〇年がたち、また新しい旅がはじまりました。今回はどんな出会いと物語が待っているのでしょうか？　この旅から、また新しい平和の種がたくさん生まれることを願いつつ、新しい旅の門出に、本書を増刷できることを幸いに思います。

（二〇一一年八月一日）

高橋　和夫（たかはし・かずお）
1951年、福岡県北九州市生まれ。放送大学教授。専門は国際政治、中東研究。大阪外国語大学ペルシャ語学科卒業、コロンビア大学国際関係論修士。クウェート大学客員研究員を経て現職。著書に『アラブとイスラエル パレスチナ問題の構図』（講談社現代新書）『なるほどそうだったのか！　イスラエルとパレスチナ』（幻冬舎）ほか。
ブログ「高橋和夫の国際政治ブログ」http://ameblo.jp/t-kazuo

ピースボート
1983年に設立。大型客船をチャーターして、国際交流を進める非営利のNGO。地球一周クルーズをはじめ、70回を越える船旅をコーディネートする中で、のべ４万人の参加者とともに世界200カ所以上の国々と地域を巡ってきた（2011年５月現在）。
問い合わせは　http://www.peaceboat.org　またはピースボート事務局（03－3362－6307）まで。

高橋　真樹（たかはし・まさき）
1973年、東京生まれ。ノンフィクションライター、編集者。1996年から2010年までNGOピースボートのスタッフとして、世界60カ国以上を巡りながら、国際協力、難民支援などに携わってきた。著書『紛争、貧困、環境破壊をなくすために世界の子どもたちが語る20のヒント』（合同出版）『観光コースでないハワイ　「楽園」のもうひとつの姿』（高文研）がある。
ブログ「しゃろーむ＆さらーむ」http://ameblo.jp/marae

イスラエル・パレスチナ　平和への架け橋

●二〇〇二年　五　月一五日――第一刷発行
●二〇一一年　九　月　一　日――第三刷発行

監　修／高橋和夫
編著者／ピースボート・高橋真樹
発行所／株式会社　高文研
東京都千代田区猿楽町二－一－八
三恵ビル（〒一〇一＝〇〇六四）
電話　03＝3295＝3415
振替　00160＝6＝18956
http://www.koubunken.co.jp

組版／高文研電算室
印刷・製本／シナノ印刷株式会社

★万一、乱丁・落丁があったときは、送料当方負担でお取りかえいたします。

ISBN978-4-87498-283-9　C0036